COUNTER ATTACK

カウンターアタック

返し技・反撃の戦略思考

永井洋一 著

大修館書店

はじめに

「後の先」とカウンターアタック

「後《ご》の先《せん》」という聞き慣れない言葉が注目されたのは、大相撲の第69代横綱・白鵬関が双葉山関（第35代横綱。１９１２～１９６８年）の連勝記録69を破る可能性があった２０１０年のことです。白鵬関は記録達成に挑む中、自身が追究したい相撲の理想の形として、双葉山関が座右の銘としていた「後の先」を挙げました。残念ながら記録は63で途絶えましたが、白鵬関が語った「後の先」は一時、メディアで話題になりました。

「後の先」とは、わかりやすくいえば、おもに武道の勝負事において、相手よりあとから動いても結果的に先手を取って勝利する方法のことです。一見、相手の攻撃を許しているかに見えて、実はその攻撃を受ける中で巧みに相手を制する形に持っていくという、高度な技の体系です。白鵬関は、それを相撲に応用し、どのような形で組んでも、相手がいかなる技を仕掛けてきても、すべて受け止め、相手の出方に応じて万全の形で勝利してみせるという、真の横綱相撲の理想を示すものとして語りました。

「後の先」には類語で「先の先」「先の後」「後の後」などの言葉があります。「先の先」とは、相手に防御する隙を与えないままに先制攻撃を仕掛け、そのまま制してしまう方法です。「先の後」とは、まず相手が防御を固める前に攻撃を仕掛け、それに相手が反応し次の手を打ってくる中で、さらにそれを見極めながら有効な技を仕掛けていく方法です。「後の後」とは、まず相手の攻撃を受け、さらに追撃してくる相手に対して反撃する方法です。

武道の世界では、互いの技量が高度になるほどに、相手を先に動かせてそれを見極めながら有効な反撃を加えるという「後の先」が、勝負を制するために重要な意味を持つとされています。精神的な部分（心構え）は別として、パフォーマンスとしては先に攻撃を仕掛けたほうが不利になりやすく、守備から始めて反撃をする「後の先」を極めたほうが勝負を制する可能性が高いとするのです。

ところで、西欧由来のスポーツにも格闘技を筆頭に、相手の動きと自分自身の動きに応じた多様な攻防のパターンが存在します。私たちは一般に、西欧由来のスポーツで勝利を目指す場合、相手に有無を言わせずに勝つ圧倒的な攻撃力を身につけていくことを理想と考えます。つまり、「先の先」で相手を制することを目指そうとします。「攻撃は最大の防御」という言葉もあります。攻め続けて圧倒すれば守る必要などないという考え方です。どの競技でも華麗な攻撃戦術が理想とされ、そのいっぽうでディフェンスを中心に考える戦い方は消極的であり、創造性がないと批判されることも少なくありません。

私が専門のサッカーでも、２０１０年サッカーワールドカップ（以下、W杯）南アフリカ大会でベスト16に進出した日本代表の守備的戦術が批判されました。日本代表は直前のテストマッチで連敗を続け、本大会での成績が危惧されていました。岡田武史監督（当時）は、ショートパスをつなぎ機動力を活かして攻めるという、それまで徹底していた戦法を大会直前に改め、守備的なシフトを敷き、少ないチャンスをすばやくシンプルな連携で活かし得点するというスタイルに変えました。その結果、日本代表はグループリーグを2勝1敗で突破してベスト16に進出したのですが、いっぽうで、岡田監督の執った守備的な戦法は好ましくないという批判も噴出しました。

そうした批判の主旨は、岡田監督が執った堅守から速攻という戦法は、サッカーのレベルアップを図る上での王道ではない、というものでした。勝負事であるなら、先に守りを固めるといった手段は姑息であり、創造的ではなく、それは見ていても面白くない、という評です。そんな批判を耳にしながら、私は「後の先」の概念に思いを致したのです。武道では、相手に先に手を出させてから仕留める方法を理想とする。サッカーでもそのような概念が一つの戦術オプションとして理解されてもよいのではないか、と。

それから私は武道、サッカーだけでなく、スポーツ全般に広く視点を広げてみました。特に格闘技、コンタクトスポーツ、チーム型ボールゲーム（球技）の中で、勝負を決める決定的なプレーに関わる要素とは何か。すると、そこにカウンターアタックという概念が浮上したのです。武道で「後の先」を理想とするように、例えばボクシングでもカウンターパンチが最も相手にダメージを与えるとされています。また、守備的な試合運びがとかく批判されがちなサッカーでも、カウンターという戦法は確固たる位置を確保し、しばしば試合結果はカウンターによる得点で左右されます。バスケットボールやハンドボールなどでも、相手の攻撃を止めた直後に、相手の守備が整わないうちにすばやく攻め込む戦法が重視されていることも耳にしました。いずれも、「後の先」の概念と共通する部分があると感じたのです。

カウンターアタックについて、すべてのスポーツに共通する明確な定義はありません。単純に「反撃」、あるいは「相手を引きつけてからその隙を突く方法」などと表現されることもあります。しかし、それぞれのスポーツ種目で使われている「カウンターアタック」という表現に含まれる要素を整理してみると、いくつかの共通項が見つかります。それらをまとめて、本書では以下の要素が含まれるプレーをカウンターアタックと定義することにします。

- 相手が攻撃し、こちらが防戦している、という状況が起点になること。
- ボールゲームの場合、相手の攻撃をストップして反撃する際、少数のメンバーで手数をかけずに一気に攻め込む形になっていること。
- ボールゲームでも格闘技でも、すばやい攻守の切り替えによって相手の防御態勢が整わない間に迅速にシュート、あるいは打撃などの攻撃を加えること。
- 相手が攻撃に労力を割いたことで手薄になった守備、防御の部分を、迅速な反撃で攻略すること。
- こちらがカウンターアタックを繰り出しやすい形になるように守備の陣形を整え、相手の攻撃を意図した形に追い込むことで反撃が始まること。

このように整理してみると、カウンターアタックは、相手の攻撃を受け、次に反撃していくという、単純で機械的な「攻め返し」ではなく、さまざまな要素が凝縮された高度な戦術的行動であることがわかります。カウンターアタックを敢行するには、まず刻々と進む試合の流れの中で、カウンターアタックを仕掛けるのか、それとも手間と時間をかけた別の攻撃方法を採用するのか、という的確な判断を瞬時に下すことが必要です。ボールゲームの場合は、その判断を複数の選手が一瞬のうちに共有し、実行に移す協調性と決断力が求められます。さらには、カウンターアタックではスピーディーに攻めきる、思いきりのよい攻撃力が求められます。「攻めきる」とは、例えばボールゲームの場合、一連のプレーが滞りなくシュートまで連続し、攻撃が一通り完結することをいいます。その攻撃力を発揮するには、まず物理的に速く動ける身体能力と、その速さをＴＰＯに応じて発揮するスキルが必要です。格闘技では狙った場所を一撃で的確に打つ技術が求められますし、ボールゲームでは一定のスピードを維持したまま、正確にボールを扱うテクニックが求められます。加えて、格闘技でもボールゲームでも、カウンターアタックを繰り出すには、予めカウンターを仕掛けやすい守備陣形を整えることが求められます。相手の守備が手薄であることを偶然発見してカウンターアタックを仕掛けるのではなく、守っているように見せかけて、こちらの意図した陣形に相手の攻撃を誘い込む「仕掛け」のある守備を行うことよって、能動的にカウンターアタックを敢行するのです。そのためには、相手が誘い込まれていると気づかずに攻め込んでくるような流れをつくる、熟練した試合運びをすることが求められます。

こうしてカウンターアタックの要素を整理してから、改めて「後の先」について調べると、「後の先」も相手の攻撃を受け止めて攻め返すという単純な反撃の方法ではなく、対峙する相手の攻撃を察知し、それに対して万全の対応を準備し、相手の攻撃と同時に最も効果的な反撃を繰り出すという、高度な仕組みであることがわかってきました。「後の先」が高度な理技の集積によって成立する技であるように、カウンターアタックも、高度な戦術判断、技術によって成立するプレーです。そして両者には、それを繰り出すプロセスの中に数多くの共通点が存在することが見えてきました。

東洋の武術の奥義として伝承される「後の先」と西欧由来のスポーツで駆使されるカウンターアタック。人と人とが競い合う対戦形式の競技において、勝負を制するための効果的な方法として伝承される二つの概念について、さまざまな角度から探求しようと決意したのが、本書の執筆にとりかかったきっかけです。この二つの概念について理解していただくと同時に、日本人がスポーツで海外の強豪と対戦するときの戦術オプションとして、これらの概念を発展させた戦法が効果的に駆使されることを願います。

なお、文中ではカウンターアタックをカウンターと略して使用している部分もあります。

目次

第2章 ボールゲームとカウンターアタック

第3章 サッカーのカウンターアタックの実際

第4章 ボードゲームの戦略とカウンター

第5章 戦史に見るカウンターアタック

第6章 武人の戦いで実践されたカウンターアタック

第7章 スポーツと「戦略」を考える

第Ｉ章

「後の先」の真髄を探る

1 剣道の「後の先」

●攻撃的精神で待ち受ける姿勢

「後の先」は白鵬関の紹介によって相撲の理想として知られるようになりましたが、それは、相撲のみならず空手、柔道など武道、格技の中で広く伝承されています。中でもとりわけ剣術の極意として醸成されてきたものの影響が大きく、それが他の武術、格技へも伝播し、やがてそれぞれの理技の理想の一部になっているようです。

そこで、まず「後の先」の源流である剣術の世界で伝承される極意について、正心館道場館長・蓑輪勝さんの解説をもとに見ていきましょう。蓑輪さんは現役の剣士として活躍される傍ら、古来の剣術に関する理技両面の豊富な知識をもとに指導者としても活躍され、山田洋次監督の時代劇映画では真田広之さん、木村拓哉さんら出演者に、史実に忠実な殺陣指導をされています。

「後の先」を文字どおりに解釈しようとするなら「あとから動いても、結果として相手に先んじること」となります。ですから、私たちはそれを「相手が動くまでじっと待ち、こちらはあとから手を出す戦法」と考えてしまいがちです。もちろん、「後の先」に基づく実際の動きは、相手の攻撃を受けてから反撃する形にはなりますが、何でも時間的にあと攻めであれば「後の先」になるという単純なものではないようです。この点について、蓑輪さんは次のように解説します。

「現象的には相手が先に動くことを待って、それに反撃するという形になりますが、内面では待っているのではなく、そこには常に攻撃の意識が保たれています。一見、相手に攻撃の主導権があるようでも、実はこちらが相手の動きを〝引き出す〟状況を整えている。その状況で、相手がこちらの目論見どおりに攻撃を仕掛けてきたときに、万全の準備で待ち受け反撃する状態がつくられている、ということが基本です」

それは、相手が思わず食いついてくるようなワナを仕掛けておき、そこに相手が飛び込んでくる瞬間をとらえて伐つ、というような概念と似ているのでしょうか。ただし、仕掛けたワナに飛び込んでくる相手に対して、こちらが決まりきった形の反撃を加えるだけでは「後の先」とはいえないと蓑輪さんは言います。

「つまり『反応』ではなくて『対応』という概念に近づかなければならないということです。相手の動きに対して機械的に対処するのではなく、相手の出方に応じて、いかようにも変化できる境地が整っているということ。それがあって初めて、相手が打ってくる瞬間に満を持して万全の形で切り返すことができるのです。現実には大変難しいことですが、その境地を追究するために、我々は毎日修行していると言っても過言ではないでしょう」

「後の先」では、まず相手が先に動かざるを得ないような状況をつくること、そして、その相手の攻撃に対して万全の形で反撃できる準備が整えられていることが求められます。では、そうした境地を築いていく上で、最も重要なことは何でしょう。それは「懸待一致《けんたいいっち》」という概念を理解することであると蓑輪さんは言います。懸待一致とは、懸かること（攻撃すること）と待つこと（守ること）は分離しておらず、常に一体となっているということを意味します。

剣術の攻防とは、ここからが攻めで、ここからが守り、というように機械的に攻守が分離できるものではなく、攻撃の中に守備の要素が含まれ、守備の中に攻撃の要素が含まれ、すべては混然一体となっているというのです。この懸待一致の概念の中で、相手の攻撃を受けることがすなわち瞬時に自分が攻撃することに変わるのです。それを実践することこそが、すなわち「後の先」につながるというのです。

「よくスポーツの世界では、攻撃は最大の防御などと言われますね。それが優れた戦術の一つのように言われています。ですが、それはとらえ方によっては単純な攻撃方法になってしまう恐れがあります。永遠に一瞬の滞りもなく攻め続けるということはできませんから、攻めはどこかで途切れたり、区切りがあったりする。その〝攻撃の合間〟や〝攻撃の終わり〟の瞬間に、相手に反撃の機会を与えてしまうのです。ですから、攻めの概念ばかりを前面に押し出して戦うということは、防御に隙をつくる未熟な戦法にもなり得るということに注意しなければなりません。攻撃は最大の防御とは、本来は懸待一致を具現する中で意識されるべきものなのです」と蓑輪さん。

「攻撃ばかりに心が傾倒した人の勝負は、相手の動きを見極めることもなく、相手の力を利用することもなく、ただひたすら力で押しきろうとするものになる。相手も同じように攻撃に意識が傾きすぎていると、互いに力任せの打ち合いになってしまいます。それはもう体力勝負であって剣術の勝負ではない。体格と体力が優れていればそれで押しきって勝つという、剣術本来の理想とはかけ離れたものになってしまいます。もちろん、未熟な剣士の場合、そうした体力勝負で雌雄を決することはよくあります。しかし、熟達した剣士は体力で押しきるようなことはしないし、体力で劣っていても敗れることはない。相手の攻撃を見極めて、打つべき瞬間に集中して力を発揮し、相手を制することができるのです」

剣道のみならず、対戦形式の競技の場合、ある程度のレベルまでなら、技術の熟達や戦術的判断うんぬんよりも、圧倒的な肉体能力で勝負を制することができることは確かです。しかし、選りすぐりの上級者ばかりが集まるレベルになった場合、勝負を分けるのは、攻防の中に一瞬垣間見える勝機をいかに的確につかみ、そこに集中して力を発揮するかという能力の有無です。そしてその勝機は、決して「攻め」の中ばかりにあるのではなく、「守り」の中にもあり、また、それは言い換えれば、自分の「攻め」の中にも常に反撃を受ける危険がある、ということなのです。

●「気で先を取る」ことで理想に近づく

単純に相手の攻撃を待つのではなく、相手が先に動くように仕向け、相手が窮してたまらず攻撃してきた瞬間にそれを受け、同時に有効な反撃を加える、それが懸待一致に基づく「後の先」のイメージです。

剣道では、打つ竹刀は受けともなり、受けた竹刀は同時に打つ技につながります。相手が「面」を打ちにくる竹刀を受ける動作は、同時に「面返し胴」、「面すり上げ胴」、「面切り落とし面」などの攻撃技につながります。「懸」には「いつでも行くぞ」という意味があり、「待」には「来るなら来い、いつでも返すぞ、すり上げるぞ、切り落とすぞ」という意味があります。

例えば、「面」を打ってきた相手の竹刀を払って「胴」に打ち込む「面返し胴」の動作の中で、相手の「面」の打ち込みをどうやって受けるかという部分に意識が傾くと、こちらの「手」(対応)は「待」になります。「手」は心理を具現し、心理は体の動きに現れます。「待」の心理に支配されていると、相手の打ち込みに対して思わず手を挙げて万歳の格好で避けたり、あるいは竹刀を持つ手を引いたりする動作が出てしまったりします。

ここで大切なのは、竹刀を前に出して、相手の打ち込みを迎えにいくようにしつつ受けることを覚えることです。初めは受けることと打ち返すことは分けて覚えます。理想では二つに分離してはならない攻撃と守備を、最初はあえて分解して理解するのです。そして、修行の中でそれを「受けると同時に反撃」という一連の動作に洗練していきます。

このように、まず「受けてから反撃」という形で覚え、修行の中でそれを「受けると同時に反撃」という一連の動作に洗練していくのですが、この過程の中で心掛けるべき大切なことは「気で先を取ること」と箕輪さんは言います。

「気で先を取る」ということは、気合いを入れて先制攻撃を仕掛け、気持ちで優位に立つ、という単純なことではありません。心身両面の準備の段階で常に先手を打ち、一歩先を行く状況をつくっておく、ということです。先に手を出さずにじっと身構えていても、内面ではその先の攻防の展開を予測して、すでに十分な準備が完了している、ということです。この境地が成立していないと、「後の先」はなかなか実践できません。

「気で先を取る」ということを西欧由来のスポーツの概念に当てはめれば、「読み」「予測」に通じるかもしれません。「情報の収集・整理」という表現に近いかもしれません。実際に剣を交える前に、相手の出方をいろいろな面から見極め、攻防のシミュレーションを把握してしまう。その事前準備が万全であるほど、相手への対応力は高まります。

「気で先を取る境地に達するには、数多くの経験が必要です。さまざまな攻防の場面を体験することで、攻め、受け、の流れを読む力が身につく。また、相手の性格や体格などと、技の出し方の傾向などの関係も分析できるようになります。そうした体験を重ねる中で、対峙した瞬間に相手の力量や攻撃の方法を予測し、剣を交える前にすでに多くの部分を制してしまうという境地がつくられていきます」

蓑輪さんによれば、経験のない若い剣士と対戦すると「5秒も待っていれば大抵は面を打ってくる。それが外されると次は小手、という傾向がある」と言います。その背景には、例えば「面を取ることが第一」という剣道界の潮流のようなものがあること、また、大会の審判が「わかりやすい技」に容易にポイントを与えやすい傾向があること、さらには、若い人は習ったとおりに機械的に技を繰り出す傾向があること、などの要素があると考えられるそうです。

何千、何万という対戦形式の練習の中から相手の戦力、戦術、戦略を把握する能力を磨くこと、それらに時代の潮流や大会の傾向などに対する分析力を加え、総合的な経験値、知識量の豊富さを積み重ねていくことが「気で先を取る」ことにつながるのでしょう。このように心理、分析で「先を取る」ことができ、十分な対処法が用意されていれば、相手が速い、大きい、強い、などという物理的出力を前面に押し出して挑んできても、効果的な反撃が選択できるのです。

懸待一致に基づく「後の先」を実践するには、このように気で「先を取る」こと、つまり戦う前にいかに相手を分析し優位な状況をつくっておくかが重要なのですが、それが剣士として今、どこまでできるようになっているか、それを試すのが互いに剣を合わせる「試合」

だと蓑輪さんは言います。

「試合とは文字どおり、自分の完成度を〝試し合う〟ことなのです。よく、剣の達人は向かい合って構えただけで、どちらが強いかわかる、などといいますね。それは、気で先を取ることがどれだけできているかが、互いに察知できているということなのです。そういう意味では、後の先を追究していくことは、剣を交えて戦うだけではなく、自分の力を把握し、相手の力を読み、実践の中からデータを整理し、傾向を分析し、戦術、戦略を練り、精神的安定を心掛ける中から、人間としての総合的な完成度を高めていく作業でもある、ということもできます」

相手の戦術、戦略を読み取り、心身ともに万全の準備をしておくこと。このあたりの概念は西欧由来のスポーツと共通する部分があります。兵法の古典である『孫子』にも「彼を知り己を知れば百戦して殆からず」と書かれています。的確な情報を数多く把握していることが有利なことは、古今東西、変わりありません。

ただし、剣術ではその情報を自ら仕掛けて「先手」を取ることに活用するのではなく、相手が先に動くときに見せる隙を攻略することに活用しようとします。

剣術はそもそも生死を賭けた戦いの中から体系化された技術ですから、勝負を制する要素については極限の心理の中での追究があったはずです。そこで導き出された理想の戦法が、自ら圧倒して相手を攻め崩すことだけではなく、相手の攻撃を受ける中に最大の好機があるという概念であることは、大変興味深いと思います。

2 空手の「後の先」

●虚・実の駆け引きの中で一撃を準備する

空手はもともと、琉球の住民が薩摩藩の支配を受けている時代（1609年〜）に、藩によって武器を没収された住民が自衛のために開発した護身の術でした。そのため、空手は能動的に相手を攻撃することを主体にしておらず、相手の攻撃を受け、かわし、反撃する形を基本にしています。空手の基本技の要点を披露する「型」は、相手を打つ、蹴るといった攻撃からではなく、すべて「受け」から開始されています。

「受け」「反撃」で構成される専守防衛という概念から開発された空手は、その後、理念をさらに深めていく過程で、相手の動きを見極めてから多様に対応していくという「後の先」の概念をより強く意識するようになります。そのきっかけとなったのは、空手が沖縄から本土に導入され、剣道など日本古来の武術の影響を受けてからではないか、と中達也㈳日本空手協会師範は解説します。

大正11（1922）年、沖縄で空手（当時は「唐手」と表現）の大家として認められていた船越義珍氏は、文部省（当時）主宰の運動体育博覧会に招かれ、沖縄で開発された独特の武術として唐手を披露します。徒手空拳で闘う唐手の斬新な動きを初めて目にした本土の武道関係者たちは強烈な印象を抱き、船越氏の指導を求めて次々に入門を申し出たといいます。

分け隔てなくオープンに入門者を招き入れた船越氏は、門下生に唐手の技術を教授しつつも、いっぽうで剣術、柔術など本土古来の武術に長けていた門下生たちから日本の武術の精神を学び、影響を受けます。そして昭和４（１９２９）年、自分が指導する事理の体系を「唐手術」から「空手道」に改めます。そこには、琉球発祥の唐手の技術に、剣術、柔術など本土古来の武術で伝承されてきた理論のエッセンスが取り入れられ、現在の空手道の基礎となる体系が形づくられていきました。

こうして空手道としての体系が整備されていく中で、もともとは防御・反撃という形式だった琉球の唐手が、攻防が一体となる懸待一致の理念を掲げ、さらには、相手の攻撃の中に最も効果的な反撃の機を見つけるという「後の先」の理想を追究するようになっていきます。

では、こうして護身術から「後の先」を追究する形で進化することになった空手で、古来、特に重視されていることとは何なのでしょうか。それは「虚・実」の駆け引きを踏まえた攻防を理解することである、と中師範は解説します。

中氏によると、空手では自分が「実」であるいっぽう、相手が「虚」である瞬間に、技は最も効果が発揮されるといいます。何よりも、その虚実が交差する瞬間を攻防の中で見極め、逃さないことこそが大切であり、それが「後の先」を実践することにつながるというのです。

では、「虚」や「実」とは、どんな状態をいうのでしょうか。

「例えば『打ってやる』と攻撃に気持ちが傾いているとき、その人は一見、気合いが入り気力が充実しているように見えるのですが、実はそれは『虚』の状態だといえます。気持ちの中が攻撃一辺倒になっていて、自分の打撃を相手に当てることしか考えていない状態だからです。その状態で打撃がかわされてしまったり、あるいはすばやい出会い攻撃（カウンター）を受けたりすると、何の対処もできないまま打ち込まれてしまうのです」と中氏。

このように、心身ともに集中して技を繰り出すのに適した状態であるかのように見えても、実際には、ある限定したことしかできず、応用の利かない状況に陥っていることを「虚」の状態といい、それは最も相手の攻撃（反撃）に弱い体制だというのです。これは前項で「攻撃は最大の防御」という俗説の真の意味を指摘してくれた剣道・蓑輪勝さんの解説とも共通します。

いっぽう、「実」とは、気力面、体力面ともにピークの出力が発揮できる瞬間をいいます。しかし、出力としては最大のものが発揮されているいっぽうで、判断、分析などの知的部分では平静さが保たれなければなりません。例えば、外見上は相手の攻撃を防御して追い込まれているような態勢であっても、内面が「実」であれば、精神的に混乱することも肉体的にバランスを崩すこともなく、冷静にそれを受け止め、反撃の瞬間を見極めて、気力、体力の両面で最大の出力が発揮できるのです。

また、空手では「極《き》め」という概念も重視されます。「極め」とは技を繰り出すときの形（姿勢、フォーム）が整っていて、気力の注入も十分で、技の効力（打撃力）が最も理想的な形で発揮される瞬間のことです。「極め」の瞬間を追究するためには、自分が最大に「実」であり、相手が「虚」であることが不可欠です。自分が十分に「実」であっても、相手に少しでも「実」の部分があれば、仮に打撃が相手に当たったとしても、そこに見事な「極め」は望めません。

これは、ボクシングでいえば「クリーンヒット」という概念に近いかもしれません。ただパンチを当ててもダウンやノックアウトは奪えません。ボクシングはボクシングなりの効果的な当て方（クリーンヒット）が求められます。空手ではその事理両面の理想の瞬間である「極め」を追究するために、虚実の交差を見極めることが求められるのです。相手が何かにとらわれて「虚」になった瞬間を見逃さず、そこに反撃を仕掛けて「極め」を達成することが必要なのです。

しかし、「極め」を求めてひたすら相手が「虚」になる瞬間を待っていればいいかというと、そう簡単ではありません。「待つ」ことに徹すると思った瞬間、その人は「実」の状態が乱れて、待つことしかできない「虚」の状態になり、そこで一瞬の攻防が展開されたとき、万全の反撃ができなくなるのです。仮にそこでうまく防御できたとしても、そこで為し得るのは単なる「逃げ」になってしまい、相手の攻撃の中に最も効果的な反撃のチャンスがあるという「後の先」を実践する余裕はなくなります。

●「無心」の戦略的活用と懸待一致

では、攻防の中で自らは「実」であり続けながら相手の「虚」を察知し、その瞬間を見逃さずに効果的な一撃を加えるためにはどうしたらよいのでしょうか。

「そのためにはすべての瞬間に、攻め一辺倒でも守り一辺倒でもない『無心』であることが大切になります」と中氏。

無心とは、何も考えずに心の中が空っぽになるということではありません。それは、何事にもとらわれずに、あらゆる事態に対処できる柔軟な状態が準備できていることをいいます。相手が攻めてくればかわし、待っていると見れば踏み込んで攻める。そういう攻防の妙をいかようにもコントロールできる柔軟な状態といっていいでしょう。ギアが常にどこにもすばやくシフトできるよう、ニュートラルに準備された状態のようなものです。

無心であることが最も効力を持つのは、空手でも剣道と同様「懸待一致」が標榜されているからです。まさに「攻防」という文字そのものに表されているように、攻めているときに守りがあり、守っているときに攻めがあるわけです。

さて、実際の空手の攻防では、懸待一致の中、いかにして相手に「虚」の状態をつくらせ、その瞬間にこちらが「実」になるか、ということが勝負の分かれ目になります。実戦の駆け引きの中で、相手を「虚」に追い込むために、実際にどのような戦術、戦略が活用されるのでしょうか。全日本空手道王者の猪越悠介氏によれば、以下のような方法があると言います。

①いわゆる「フェイント」の活用

こちらが攻める姿勢の中に攻撃一辺倒の「虚」が生じていると見せかけて、判断を誤った相手の反撃を誘い、それに応じて技を繰り出す。

②「気」で圧倒する

いつでもこちらが圧倒的な力を発揮するという気勢を見せて相手を追い込み、それに気圧された相手が捨て身になって攻撃を仕掛けてくるように仕向け、それに応じて技を繰り出す。

③隙があるように見せる

盤石の構えをあえて少し崩したり、立ち足の位置や構えの形を変えるなどして相手に「つけ入る隙」があるように思わせる。相手がその部分を狙って攻撃してくるように仕向け、それに応じて技を繰り出す。

④あえて原則を崩す

空手の技には「最短距離を最速のスピードで」という大原則がある。しかし、技を繰り出すときに、あえて曲線を描くような（最短距離を進まず大まわりするような）方法をとり、相手の防御のタイミングをずらす。

⑤常に自分の「間合い」を確保する

相手と組み合う攻防の中で、いかなる状態になろうとも、常に自分が攻撃を仕掛けるときに一撃で仕留められる距離を保つ。それは相手の攻撃をかわすために下がる場合も同じで、単純に「防御」にまわるのではなく、すべての瞬間に「反撃」が可能な態勢を整える。

空手の攻防では、二人の対戦者が対峙する間に、こうした駆け引きが一瞬たりとも途切れずに行われているのです。その中で、むやみに「先に動く」ことが自分の「虚」を晒すことになるということは、すべての空手家が知っています。しかし、動かずに待っているだけでは「受け」の姿勢の中で「虚」を晒してしまうことになる。ですから、空手では何とかして相手が「虚」となる動きをするように仕向け、その攻防の中で「実」となって相手を制しなければならないのです。

ところが、そうした攻防の駆け引きにばかり気をとられていると、自分の「無心」は乱れます。「無心」が乱れてわずかでも何物かに心が奪われると、自ら「虚」の領域を拡大してしまいます。ですから、戦略的に戦いながらも、拳を交える一瞬一瞬には「無心」になって「実」の状態を崩さない。大変困難なことですが、この境地を空手家たちは追究しているのです。

ところで、70年代に大ヒットした映画『燃えよドラゴン』で、ブルース・リー扮する主人公が、空手の大会で妹を殺した仇と対戦する場面があります。両者互いに片手を差し出し、それをクロスさせて構え、試合が始まります（ちなみに、この構え方は演出上のもので、実際の空手の試合とはまったく異なります）。仇役がわずかに動く瞬間、リーは電光石火のような手刀を打ち込んで打ち倒します。二回目、三回目、仇役がどんなアクションを起こしても、リーは万全の動きでそれを打ち返し、仇役はその都度、地にひれ伏します。窮した仇役はリーの足をつかむ反則を犯そうとしますが、リーはそれをもアクロバティックなキックで切り返し（このあたりの演出はかなり現実離れしていますが）、続く攻防でも完膚なきまでに相手を打ち倒します。

このあと、仇役は興奮してビール瓶を砕いてリーに襲いかかり……と続くのですが、映画のストーリーはともかく、この映画の格闘シーンでブルース・リーに演じさせた動きこそ、空手の世界で理想とする「後の先」に通じるものがあるのではないでしょうか。妹を殺した相手に対面しても、終始冷静に「実」であり続け、あらゆる攻撃に対して「受け」から万全に対処したリーと、感情と体力にまかせて「虚」をさらけ出し、無謀な「先手」を出し続けた仇役。今思えば、このエンターテイメントの演出には、素人にもわかりやすい形で空手の極意が描かれていたのではないかと思います。

3 合気道の「後の先」

●かわし、崩し、一気に力を加えて制する

剣道、空手では懸待一致の概念の下、「受け」と「反撃」が一体化する境地が重視されていることがわかりました。同時に、この二つの武道では「気」という概念が重要な役割を担うこともわかりました。ここではその「気」という部分に注目してみましょう。武道の中でも、特に「気」がその中心概念となっているのは合気道です。

合気道は、弓馬の技術に長けたと伝えられる源義満（1045～1127年・新羅三郎義光とも呼ばれる）が創始したといわれ、のちに甲斐源氏として派生した武田家が代々伝承してきたと伝えられています。明治時代、西南戦争の前後に武術家として活躍した武田惣角は、その伝承の術に自らが修行した剣術の要素を加え、合気道の源流となる基盤を固めます。そして、武田惣角の門人の中で特に優秀だった植芝盛平が、さらに日本古来の神道の哲学、古武術の要素を取り入れ独自に体系化し、それを経て確立されたものが現在、私たちが知っている合気道のルーツです。

合気道も空手道と同様、自ら攻撃する技を持たず、すべて「受け」から始まります。突き、

蹴りや武器の使用によって相手を傷つけることなく、体のさばきと、自分と相手の力の合理的な活用によって、一瞬のうちに相手の動きを制し、無力化することに長けた技術です。「受け」の中から効果的な反撃を構成するという意味では、合気道も「後の先」の理念を実践する理技体系の一つといえるでしょう。

合気道の基本の第一に「入り身《いりみ》」という体のさばき方があります。相手の攻撃に対して、それをかわすと同時に、相手の死角に直線的に踏み込んでいく方法です。また、入り身によって攻撃をかわされた相手が第二、第三の攻撃を仕掛けてくる際、それをかわして入り身を続けていくために、合気道では「円運動」が活用されます。円を描くように体をさばきつつ、相手の攻撃をかわして次々に無力化していくのです。このとき、相手の攻撃の勢いは常に力を込めた方向に「行きすぎる」ようにさばかれることになります。こうした攻防の状態は「転換」と呼ばれます。

合気道では、このように入り身と円運動を活用しつつ、相手の攻撃の力をそらせる中で技を仕掛け、制圧するのですが、技を駆使するときに大切なことは何なのでしょうか。また、そこで「気」はどのような役割を担うのでしょうか。㈶合気道養神会副会長の塩田泰久さんは次のように解説します。

「『気』についての解説を詳しくすると、哲学的な部分も多く、非常に難解な部分も多い。私たちはもちろん、伝統を継承することは重視していますが、同時に現代の言葉、概念で一般の方々にも理解しやすい方法を用いながら合気道を普及させることが大切と自覚していま す。その前提で『気』を解説させてもらうなら、それは、ポイントとなるタイミングで力を一点に絞って加えるべき瞬間に、精神的にも肉体的にも最大限に集約されて生み出された力、と理解していただければいいでしょう」

スポーツの世界では、しばしば「気合いを入れる」といいます。精神的に集中することで、肉体的な出力を高めようとする行為です。「気合い」という表現は漠然としていますが、それを脳神経レベルで肉体動作への準備として考えるなら、「気合い」を入れた精神状態が筋力を増大させることは科学的に立証されています。大声を出すなどで脳に非日常的な興奮状態をつくることで、脳内の生理的な抑制が緩和され、通常より大きな筋出力が生み出せるのです。いわゆる「火事場のバカ力」の科学的裏づけです。では、その「気」の働きをどのように技に結びつけていくのでしょうか。

「人間は、相手を殴ったり、蹴ったり、組み伏せようとする場合、意識を相手と直接、接する手足の筋肉の動きに集中させます。もちろん、理想のフォームがつくられているときには、そこに力学的なムダは見つけにくい。しかし、入り身などによって力をそらされたとき、全身の動きをトータルで俯瞰するなら、必ず力の配分がアンバランスになっている瞬間が出てきます。合気道では、その相手の力の配分がアンバランスになった瞬間をとらえ、そこに一気に「気」を集中する形で技をかけるのです。相手がアンバランスな状態なのに、こちらは一点に力が集中して『気』が込められている。だから、術者がいともたやすく相手の体を制しているように見えるのです」

なぜ、たった一点に力を加えただけで、相手の体全体をコントロールすることができるのでしょうか。それは、人間の動作が一見、体の一部で行っているように見えても、実は全身につながって生み出されているからです。例えば、手で相手の手首をつかもうとした場合、直接、作用しているのは手首から先であっても、それを支えるために腕の筋肉が使われ、腕は肩で支えられ、肩は体幹で支えられ、体幹は足腰によって支えられています。視点を変えて考えると、足腰がしっかり立っていない場所で（例えば無重力の宇宙船の中で）相手の手首を強くつかんで引っ張ろうと思っても、全身が安定しないためにそれはできません。

このように、人の動きは体全体に貫かれる「力の伝達」によってつくられていきます。脱線しますが、運動力学ではこのような力の伝達を「キネティックチェーン」と呼び、この仕組みの中でいかに合理的に力を伝達させるかが、よいパフォーマンスを形づくるカギといわれています。合気道の技は、この原理を逆に活用して相手を制していると考えられます。

例えば、「殴る」という動作は、足腰で地面をしっかりとらえることから始まり、腰を入れ、胴体をひねり、腕を伸展させ、最後に拳の部分に力を集中させようとします。ですから、その全身の力が集中する拳の部分を一瞬にして制圧されると、その力は同じルートを足腰まで逆流していくのです。合気道家に軽く手を握られただけの相手が、まるで糸を切られた操り人形のように足腰まで崩れ落ちてしまうのは、このためです。

●結び、導き、崩しのコンビネーション

合気道では、一点に気を集中させることが大切ですが、相手の攻撃を受けるときには逆に、こちら側が十分に「脱力」していることが重要とされます。力に対して力を込めた状態で受け止めるのではなく、逆に力を抜いて受け止めるのです。

「受け止める」と表現すると、「止める」という表現に多少、力のぶつかり合いのイメージが残りますから「受け流す」としたほうがより的確かもしれません。直線的に自分に向かって進行してくる相手の力を、すばやく効力のない方向に向けて逃していくのです。このように相手の攻撃を受け流す一連の作用を合気道では「結び」「導き」「崩し」と呼びます。

「結び」とは相手と接触する瞬間のことですが、「結び」という表現には、いったん相手を受け入れるというイメージが含まれています。相手の攻撃を力強く受け止めて跳ね返すのではなく、攻撃を許しつつも柔らかなクッションの中に受け入れて包み込んでしまうというようなイメージでしょうか。

「導き」は相手の攻撃をさばいているときのことですが、ここでも、自分の力任せに相手の体をさばくのではなく、相手が自らの勢いで行きすぎてしまうように「仕向けていく」ことが重要です。「のれんに腕押し」という格言がありますが、まさにそのイメージでしょう

か。相手は力を込めて攻め込むほどに体勢の乱れが激しくなります。

「崩し」は、「結び」と「導き」によって力を込める方向やタイミングを失い、バランスを崩した相手を制圧していくことです。先ほど触れたように、ここでは必要な角度に必要な形で一点に集中した力（気）が込められますから、その一点を制圧されただけで相手は全身の自由が利かなくなります。

こうした合気道の基本的な技は、相手が満身の力を込めて攻撃してくる中で、その力を利用しつつ、的確に繰り出すことが求められます。そのためには、体のさばき方、呼吸（タイミング）の合わせ方などが大変重要になります。つまり筋肉に強い力が込められた状態では効果的に実行することは難しく、軽やかな脱力状態で準備することが大切なのです。

このように、脱力して相手の攻撃を受け流し、相手が自ら体勢を崩すことを見極めて一気に力を集中して技をかけるという境地が合気道では理想なのですが、当然、その境地に達することは簡単ではありません。誰でも無意識に力に対して力で制しようとする体の反応が働いてしまうからです。

「面白いもので、厳しい稽古をして疲労困憊になったとき、それが自然にできることがあります。体が疲れきっているから逆にムダな力が入らない。そんなとき、とっさに脱力した中でのムダのない見事な技が披露されるときがある」と塩田会長。

いずれにせよ、合気道では相手の力と正面からぶつかり合うのではなく、相手に力を発揮させた上で、それをいかに無力化していくかがポイントになります。相手は攻め続けるほどに、逆に攻撃力が削がれていくことになります。攻めて打ち込んだはずなのに、攻撃は常に空を切り、やがて図らずも無防備な体勢になった瞬間に一気に押さえ込まれるのです。

相手にとっては、攻めているようでいつのまにか追い込まれている。術者は、攻められているようで実は自在に相手をコントロールしている。これはまさに、懸待一致の概念の下、「受け」の中から的確な反撃を構築する剣術、空手で実践されている「後の先」に通じるものといえるでしょう。

しかし、そうして技を自在に駆使して相手を制することよりも、もっと重要なことがあると塩田会長は言います。

「それは、互いに争わずに終わるように仕向けることです。和合することです。いきり立って暴力をふるうような状況にならないよう、事前に環境を整えるという精神です。そのためには、相手を知り、状況を理解し、展開を予測する。腕力にモノを言わせて争うことの愚かさに気づかせるよう立ち振る舞う。それが合気道の理想なのです」

実際にぶつかり合う前に情報を収集し、穏便に推移する方策を練る。これは剣道の蓑輪さんに解説していただいた「気で先を取る」ことに通じる概念といえます。最悪、攻撃が加えられたときには合理的な反撃をするが、それ以前に攻撃自体が起こらないようにあらゆる理知を駆使することが合気道の理想なのです。

空手の項で引用した映画『燃えよドラゴン』の一シーンを再び引用します。空手大会に向かう船上、主人公のリーは傍若無人に振る舞う武道家に挑発されます。「お前の流派は何だ」と聞かれ「戦わずして戦う流派だ」と答えるリーに、相手は「お手並みを拝見しよう」と挑発を続けます。「わかった、でもここでは狭すぎる。あの島ではどうだ」とリーは場所の移動を提案します。そして、勇んで移動用の小舟に乗り込んだ相手に対して、リーはあとから乗り込むと見せかけて母船のロープを離し、小舟を海に漂流させてしまいます。「戦わずして戦う」ことを実践したのです。

映画の演出とはいえ、このシーンには、合気道の、ひいては日本の武道の理想が凝縮されているのではないでしょうか。

4 ボクシングのカウンターパンチ

●相手の打ち終わりが最も好機

ここまで日本の格闘技系武道の中で語られる「後の先」について見てきましたが、今度は西欧由来の格闘技系スポーツの代表、ボクシングについて見ていきましょう。

日本の武道の中で語られた「後の先」に近似する概念として、ボクシングには「カウンターパンチ」があります。カウンターパンチとは、相手がパンチを打ってくる瞬間に、それと入れ替わるように、こちらのパンチをいち早く打ち込んでしまう高度なテクニックです。ボクシングの攻防の中で、このカウンターパンチを駆使する瞬間にはどのような心身のメカニズムが働いているのでしょうか。そして、それは「後の先」と共通する概念を持つのでしょうか。元プロボクシング日本ウェルター級チャンピオン・小林秀一さんの解説で探っていきます。

ボクシングは、防御を基本とした日本伝統の武道と違い、自ら攻撃する概念、技術を持つスポーツです。互いにパンチを繰り出しながら、それがいかに効果的に相手にダメージを与えるかを競い合います。最も効果的なパンチとは、相手をダウンさせるか、ノックアウトしてしまうものです。

また、ダウンを奪うまでの効力が発揮できなくても、パンチを相手の体にクリーンヒットさせることでポイントが得られます。クリーンヒットとはすなわち、物理的にパンチを当てるだけではなく、十分な力が込められたパンチが、あご、こめかみ、みぞおちなどの急所（いわゆる「効く」場所）を的確にとらえることです。そのクリーンヒットの中で、最も高い効果を発揮するのがカウンターパンチです。

豪快なノックアウトシーンをよく見ると、ワンパンチで試合が決まる場合のほとんどは、フィニッシュブローがカウンターパンチになっていることが多いようです。また、最終的に試合を決める最後のダウンを奪うパンチがカウンターパンチではなくても、その前の段階で相手に決定的なダメージを与えるパンチがカウンターパンチであることも少なくありません。小林さんも、「ボクシングの効果的なパンチとは、結果的にすべてカウンターパンチになっているといっても過言ではありません」と語ります。

ボクシングでは、相手がガードをがっちり固め、待ち構えている状態にパンチを打ち込んでも、効果的なパンチになることは多くありません。パンチに効力を持たせるためには、ガードをかいくぐり、可能な限りカウンターになるタイミングで急所にクリーンヒットさせなければなりません。

そのためにはまず、相手のガードが空いている状態をつくらなければなりません。最も相手のガードが空きやすいときとはすなわち、相手がパンチを打とうとしているときです。ですからボクシングでは、いかにして相手にパンチを打たせ、その合間を縫って自分のパンチをカウンターでヒットさせるか、ということが最大のポインになるわけです。つまり、ボクシングとはカウンターパンチの狙い合いといっても過言ではないでしょう。

これは、剣道、空手で解説していただいた「懸待一致」の概念と共通します。相手がこちらを打つ瞬間、つまり形勢としてはこちらが「防御」になる中に、実は最も効果的な攻撃の起点があるわけです。ですからボクシングでは、いかにしてガードしている相手がパンチを打つように誘導するか、そして、そこに防御の隙をつくらせるか、ということが大切になります。しかし、いくら相手が攻撃してくるときにこちらがパンチを打ち込む隙が生まれるといっても、そのときをひたすら受動的に「待つ」という姿勢では効果的なカウンターパンチは打てないと小林さんは言います。

「待っていて、相手が打ってきたら合わせて打つという姿勢では、相手が得意とする動きのリズムにこちらの動きを合わせてしまうことになりかねません。そうなると、主導権は相手に握られ、相手の間合い、相手の呼吸に合った動きの中で、相手にとって最もよいタイミングで攻防が進んでしまうことになる。そうした間合いでパンチを繰り出してしまうと、逆に相手の狙いどおりのタイミングでこちらがカウンターを食うことになりかねません。ですから、あくまでもこちらが動きの主導権を握りつつ、相手が『動かざるを得ない』という状況をつくり、狙いどおりに動いてきた瞬間にカウンターを打ち込むのが理想的です」

相手に先に手を出させるのだが、こちらはそれを受動的に待つのではない。待っているように見せかけて、実は攻撃的な意識で反撃の準備を整えている。だから、相手が攻撃を仕掛けると同時に効果的な反撃が加えられる。こうした攻防の駆け引きも、剣道、空手で解説していただいた「後の先」で実践されていることと共通します。

では、ボクシングでは、具体的にどのようなタイミングでカウンターパンチを繰り出すのでしょうか。この点に関して小林さんは「相手のパンチの打ち終わりの瞬間に打つ、というのが最も基本的な原則」と言います。

パンチを打つということは、腕を伸ばしながら体勢を傾けていく姿勢をつくることです。一方の腕が体から離れて伸びていく姿勢では、誰でも急所を十分にガードできない瞬間ができます。また、力のこもったパンチを打つためには十分に体重を前方に移動し、いわゆる「腰の入った」状態にしなければなりません。このとき、繰り出す拳を中心に体全体が前のめりの状態になります。前のめりになっている体に反対方向からパンチを受けると、体が静止しているときに比べて物理的な衝突エネルギーがはるかに大きくなり、パンチは「効く」ことになります。

このように、相手が十分な防御ができない状態にあるということと、パンチが当たったときに生じる衝突エネルギーがより大きくなるということから、相手のパンチの打ち終わり際を狙って浴びせるカウンターパンチは、大きな威力を発揮するのです。

●守りが強くなければカウンターは狙えない

具体的にはどのようなカウンターパンチの打ち方があるのでしょうか。

「例えば、相手が（自分から見れば左から）右のパンチを打ってくるとします。それを自分は左の腕でブロックする。次の瞬間、ブロックした左腕でそのままパンチを返す、という方法があります」

この方法を使えば、相手は自分の右腕が伸びた状態のまま、ガードできずにこちらの左パンチを受けることになります。また、相手が右に体重をかけて踏み込んでいれば、パンチの効果はかなり大きくなるはずです。

相手の打ち終わりに打つカウンターパンチの場合、このように相手パンチをがっちりと腕でブロックして反撃する形だけではなく、上体を反らせてパンチをかわしてから（ウィービング）反撃する形や、上体をかがんだ姿勢にしてパンチをやり過ごしてから（ダッキング）反撃する形などがあります。小林さんは、学生時代にボート部員として活躍したという経歴から、腕の力には自信があったということで、パンチを腕でブロックしカウンターを繰り出す形を多用したということです。

いずれの方法を駆使するにせよ、カウンターパンチを繰り出すのは、相手が自分を目がけてパンチを打っている合間ですから、そこには一歩間違えば相手のパンチを受ける大きなリスクがあります。わずかなタイミングの違いで自分が打たれてしまう危険をかいくぐらなければ、相手に最もダメージを与える攻撃を加えられないのです。この大きなリスクを伴う決断をボクサーはどのようにして下すのでしょう。

「もちろん、ここがチャンスと感じたときに迷わず打ち込む決断力が大切なのですが、それを自信を持って敢行するためには、着実なディフェンスができていることが求められます」と小林さん。

「自分の場合、プロデビューしてしばらくは思いきった攻撃がなかなかできませんでした。それは、ディフェンスに自信がなかったから。へたに打ち込めばカウンターを返される怖さがあり、なかなか積極的に打ち込めなかった。その頃の僕のディフェンスはウィービングやダッキングが中心。しかし、自分の腕の強さを活かすことに気づき、腕のブロックによるディフェンスを集中的にトレーニングすると、他の方法より確実にパンチを止められるようになり、ディフェンスに自信がつきました。ある程度ディフェンスに自信がつけば、相手との間合いを詰めていっても打たれることに対する恐怖が薄れ、自分の得意のパンチが当たる距離を保ちつつ相手と向き合うことができるようになるのです」

ディフェンスの確立されていないボクサーがカウンターを狙って打ち合えば、自らもパンチを食らい倒れてしまう、「差し違え」になりかねません。そうしたリスキーな賭けを決断するボクサーの試合は、観ているほうには倒し、倒されで面白いかもしれませんが、その選手が安定して勝利を重ねる実力者になることは期待できません。また、ボクサーが頭部に受けるパンチのダメージの蓄積は、視力や脳機能に影響を及ぼし、選手生命を縮めます。よいパフォーマンスを長期間継続したければ、なるべくパンチを受けない選手であることが大切です。打たせずに打つという理想を追究するためにも、堅実なディフェンスは重要なのです。

ただし、固いディフェンスといっても、それは貝が固く殻を閉ざすような防御一辺倒の姿勢を高めるということではありません。ボクシングでも武道の懸待一致と同様、守ることがすなわち攻めにつながるという意識を持つことが大切です。理想は相手のパンチをかわすディフェンスが、そのままカウンターパンチの準備になっているようなフォームをつくることです。ですからボクシングのトレーニングでは、常に相手のパンチを防御したあと、即座に打ち返すという形式のメニューが反復されます。これを繰り返しトレーニングし、実戦で体験していく中で、やがて攻防の中からパンチを繰り出すべきタイミングを会得していくようになるのです。

相手がパンチを繰り出してくる腕に対して、自分の同じ側の腕を上から交差させるようにして伸ばし、一瞬早くパンチを決めてしまう「クロスカウンター」は、劇画『あしたのジョー』で広く知られるようになりました。このクロスカウンターをはじめ、カウンターパンチの打ち方にはいくつかのセオリーがあります。しかし、それはあくまでセオリーであり、実践の中でどのように使うかは個々のボクサーが自分のスタイルをつくりあげていきます。小林さんが腕のブロックからのカウンターを得意としたように、それぞれが自分の呼吸、タイミングで繰り出しやすいカウンターパンチの方法を磨いていくのです。

過去の世界の名ボクサーで、複数階級を制覇したり、長期にわたって防衛記録を更新し続けた名選手たちは、みな圧倒的な攻撃力と同時に、相手に「打たせない」技術に長けていました。打たせないからこそ相手にミスパンチ、体勢の崩れが生じ、そこにカウンターを受ける隙がつくられていくのです。相手に打たせないディフェンスの強さに裏付けられたカウンターパンチこそ、ボクシングの究極の武器といえるでしょう。

カウンターパンチを繰り出すために、相手が攻めてくるよう仕向け、その中にある隙を狙うことが肝要とするボクシングの戦略は、日本の武道で求められる「後の先」が追究する攻防の妙と多くの部分で共通します。相手を打ち破ることが最大の目的である格闘系のパフォーマンスの中に、東西で共通する理想が堅持されていることを大変興味深く感じます。

5 スポーツ科学の視点で見る「後の先」

ここまでおもに武道の達人たちの解説を中心に「後の先」の概念を見てきました。

攻撃的な精神を内に秘めつつ、自らは動かずに相手が打って出てくる際を待つ、相手が攻めの意識に傾いているときこそ迎撃の最大の好機、あらゆる動きに対応するために無心で迎え撃つ、相手の攻撃を効果的に受け止めるには脱力が肝要……。古来、伝授されてきたこれらの教えは、解説してくれた達人たちが実際に披露する卓越した動きと照らし合わせてみれば、納得のいく道理となります。それでも、それらの動きがどのようなメカニズムによって形づくられ、どのような原理に基づいて具現化されているかについては、なかなか「現代の合理性」では整理しづらく、普遍化した言葉、表現に落とし込むことが困難です。

しかし、達人たちはマジックやトリックを使っているわけでもなく、我々と同じ肉体を駆使し、科学的原則に基づいた動きの中で卓越した技を使いこなしているはずです。そこでここでは、「後の先」を伝承する達人たちの卓越した動きについて、現代のスポーツ科学の視点から探求してみようと思います。達人たちの神業とも思えるパフォーマンスには、いかなる原理が作用しているのでしょうか。ここでは三つの視点からそれらを解剖してみたいと思います。

●不応期を巡る攻防

この本で採り上げるテーマについて、坂上康博・一橋大学教授から興味深い示唆をいただきました。坂上教授は自ら剣道に親しみ、また仲間と一緒に長年にわたって剣道の指導法について研究されています。その指導法の中で坂上教授は「スキ」を「防御できない瞬間」ととらえ、以下の三つの概念でとらえています。

①ぼけスキ

不注意や動作の未熟によって生まれるスキ。「相手が打ってこないだろう」「打ってきても大丈夫」などと油断したり、不用意に間合いを詰めようとしたり、下がろうとした瞬間などにできるスキで、防御が間に合わない。

②よけスキ

「相手が打ってくる」と思い、その部位を防ごうとする。この瞬間、時間にしてわずか

0・1〜0・2秒の間は別のことができず、次のことにも反応できない。この金縛りのようになってしまった状態にできるスキ。こうした状態を相手につくらせることが理想。

③打ちスキ

相手を打とうとした瞬間から攻撃が終わるまで、その間は別のことができない。一連の動作の中では急に防御に切り替えることも、相手の反撃に応じて攻め方を切り替えることもできない、キャンセル不能の状態になったときにできるスキ。相手をこの状態に導き、応じ技で仕留めることが理想。

坂上教授が提示するこの三つの「スキ」は、いずれも「後の先」の概念をわかりやすく解説したものとみることもできるでしょう。さらに坂上教授は、これら三つの「スキ」が生まれる要因として、身体的不応期、心理的不応期、という視点から科学的な解説を加えてくれました。不応期とは、人間の動作を司る神経伝達のメカニズムの中で、自分の意志とは関係なく、動くことができなくなる瞬間のことです。その瞬間がスキとなるタイミングであり、そこで打ち込まれるために防御ができなくなる、というわけです。この不応期に「後の先」の秘密の一端があるのではないでしょうか。

(1)身体的不応期

さて、私たちの神経の伝達スピードは、約60m/秒とされています。これは生後4〜5歳でほぼ最高値に達してしまい、その後、成長に伴って早まることはないということです。また、一流スポーツ選手でも、普段、運動をしていない一般人でも、脳から発せられた信号が筋肉にたどり着くまでの神経伝達のスピードは変わらないのだそうです。

この原理をにわかには信じがたいという人が多いでしょう。なぜなら、いわゆる「運動神経のよい人」と「そうでない人」の体の動きの速さの差は一目瞭然で、ましてや一流スポーツマンと素人となれば、その差はより歴然としています。それなのに神経が伝わるスピードは誰でも同じといわれても、なかなか納得できません。

でも、この説は間違っていないのです。脳が指令を出して、それが神経を介して筋肉に達するスピードは、ほぼ万人共通なのです。ではなぜ「運動神経のよい人」と「そうでない人」、あるいは一流スポーツマンと素人の間に、動作の機敏さの差がでるのでしょう。それは、神経の伝達が筋肉に届いてからの、筋肉の収縮スピードの違いによるのです（図1－1）。つまり、「運動神経のよい人」や一流スポーツマンは、同じ指令を受けても、よりすばやく収縮できる筋肉を持っているということなのです。

図を見ればわかるとおり、神経の指令を受けて筋肉が収縮を始めるまでの時間、つまり動き出すまでの時間は、非鍛錬者でも一流選手でもおよそ0・2秒です。言い換えると、脳から「動け」という指令が発せられたとき、どんなに鍛錬を積んだスポーツマンであっても、0・2秒たたなければ動き出せないということです。この0・2秒が身体的不応期です。

ですから、その0・2秒のタイムラグを活用することで、相手が動けない間にこちらが打ち込むことが可能になります。もし、対峙する両者の筋肉の収縮スピードが同等なら、つまり、ともに優れた運動能力を持っている者どうしなら、相手が次の動きを起こす0・2秒前にこちらのアクションが始まっていれば、こちらの剣が先に相手に届くという計算になります。

また、スポーツの技能の高い人の特徴として、一つの動作に対してどの筋肉をどれくらい使うかの選択が的確であるということも考えられます。図1－2は、それを剣道の打撃動作で調べた結果です。熟練者は未熟練者に比べて少ない筋活動で同じ動作をしていることがわかります。熟練者はムダな力を使わず、必要な筋肉の動きを合理的に動員することで、機敏な動きが可能になるのです。

「後の先」には、この瞬間を制すための妙、つまり、いかに相手に反応させず、その間にこちらが動き出すかという、0・2秒を巡るノウハウが凝縮されているのではないでしょ

図1-1　反応時間の比較

	被検者 （　）内は人数	反応開始時間 （秒）	筋収縮時間 （秒）	全身反応時間 （秒）
男　子	非鍛練者（40） 一流選手（29）	0.210 0.199	0.155 0.125	0.365 0.324
女　子	非鍛練者（30） 一流選手（11）	0.211 0.200	0.174 0.139	0.385 0.339

合図を受けてから跳びよるまでの時間を測定。
「反応開始時間」とは、脳からの信号が筋肉に到着するまでの神経伝達時間。

図1-2　正面打撃時の筋電図

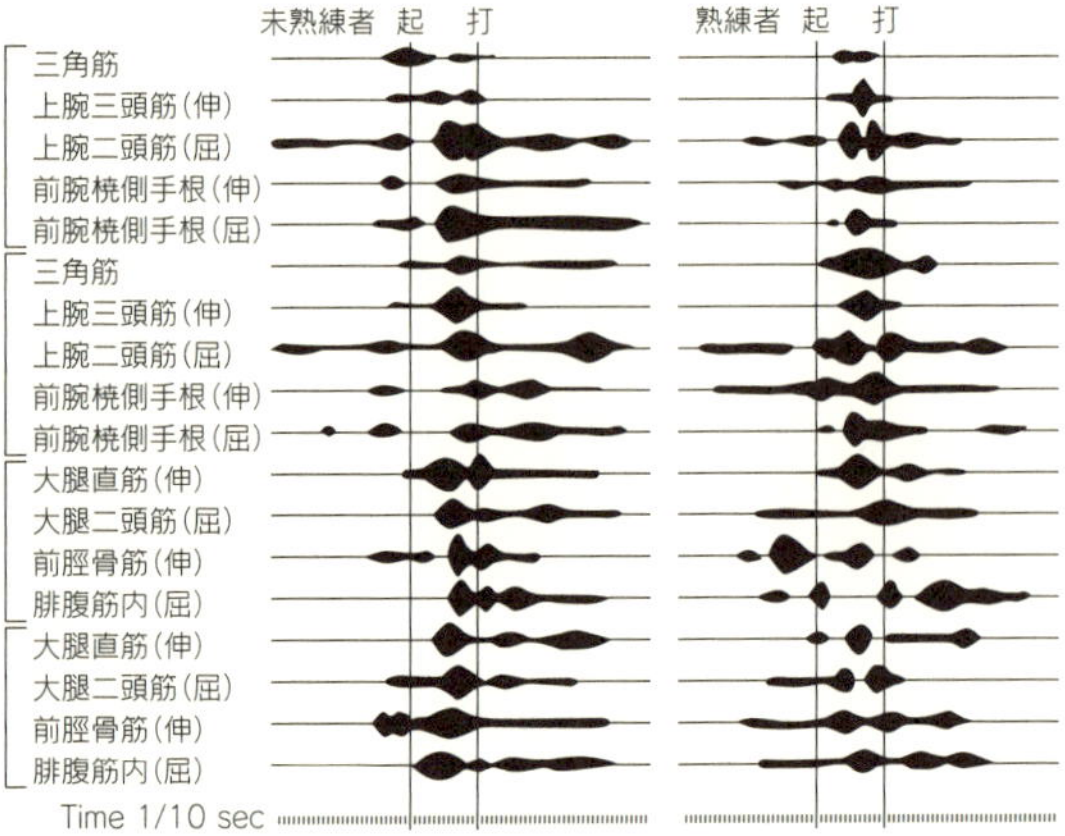

筋肉図

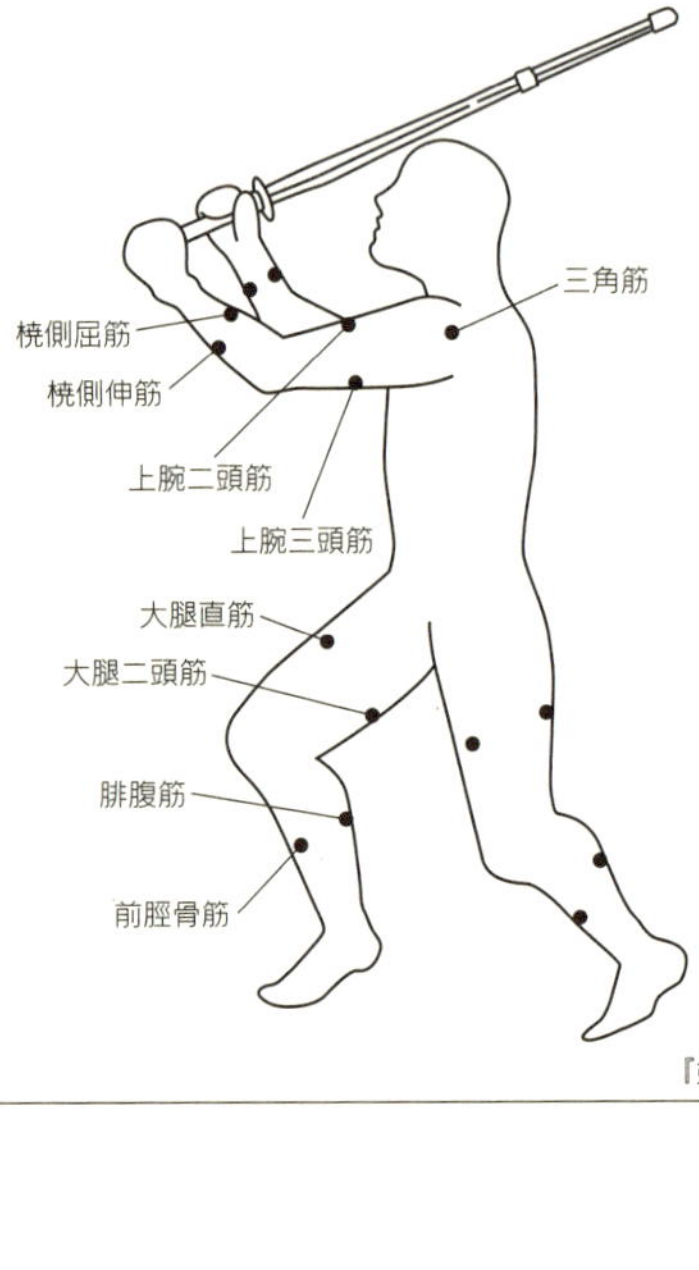

『剣道時代』1974年12月号より

うか。また、その中で、一度、動きを発動したら、それをいかにして物理的に最も合理的な動作として完結させるか、というメカニズムも研ぎ澄まされているものと思われます。

(2) 心理的不応期

私たちがある刺激に対して反応し、続いて別の刺激にも反応するとき、最初の刺激に対する反応に比べて、二番目の刺激に対する反応が遅れがちになります。この二番目の反応の遅れは、心理的不応期によって生じます。例えば、サッカーのフェイント（正式にはフェイク）やラグビーのダミーなど、右に行くと見せかけて相手の対応を誘い、その反応の逆をついて左に向かうといったプレーは、この心理的不応期を利用したものです。

心理的不応期によって混乱をきたさないためには、予測、判断などの能力が動員されます。いわゆる「ヨミ」です。この「ヨミ」をどのタイミングで動員するかが大切です。優れたアスリートは自分の体が動き出す際までプレーを見極め、次の動きを決めていきます。図1-3は、米メジャ

図1-3 バットスイングのタイミングの比較

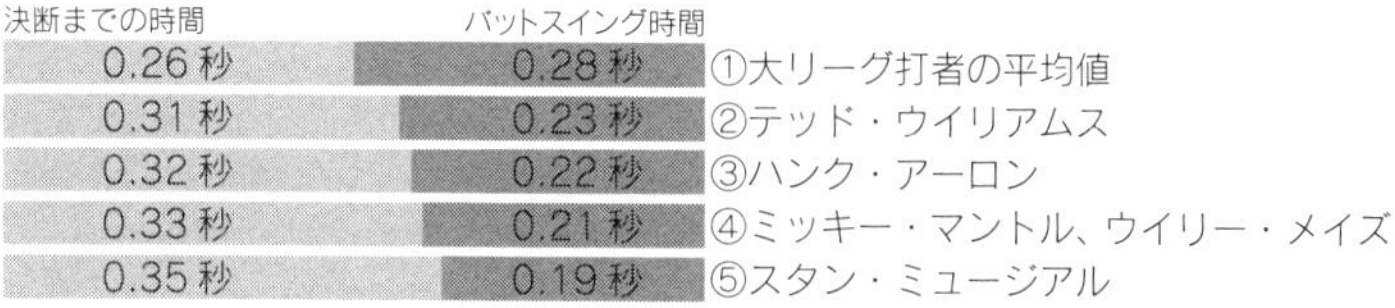

（ブリーン、1967）

テッド・ウイリアムス………三冠王を二度獲得。打率4割6厘。出塁率.482は歴代トップ。

ハンク・アーロン……………通算本塁打755本は2007年まで33年間メジャー記録。

ミッキー・マントル…………スイッチヒッターとして通算536本塁打。

ウイリー・メイズ……………本塁打王4回、ゴールドクラブ賞12回、盗塁王4回。

スタン・ミュージアル………1シーズン4回の5打数5安打を記録。

ーリーグの一流選手たちのバットスイングに関するデータをまとめたものです。ピッチャーが投げたボールに対してバットを振るか振らないかの決断をどの時点で行い、振る場合にはどれくらいのスイングスピードが加えられているかが示されています。

平均的な打者に比べて、ホームラン、安打、打点などに優れた記録を残している選手のほうが、振るか振らないかの決断をするまで長くボールを見ているいっぽう、一度、決断してからはよりすばやいスイングをしていることがわかります。ピッチャーの変化球は、ボールがある軌道を進むと見せかけ、それに対するスイングを誘い、途中で軌道が変化することで修正が不能な心理的不応期、つまり空振りを引き出すものです。優れたバッターは、その意図に乗らないよう、自分の能力の限界近くまでボールの軌道を見極めようとしているのです。

「後の先」を実行するには、この心理的不応期をいかに活用するかがカギといえるでしょう。武道の達人たちが異口同音に「相手が攻撃一辺倒になっているときこそ反撃の好機」と語っていました。それは、相手が攻撃の動きを別の動き（特に防御）に軌道修正するために必ず心理的不応期が介在するからであり、達人たちはまさにその瞬間を見極めて反撃するものと思われます。視点を変えるなら、武道の達人たちはメジャーリーグの一流バッターと同様、自分の心理的不応期の影響を極力抑えるために、身体的限界の際まで相手の動きを見極める能力に長けているのだと思います。

●視力を巡る攻防

「見極める」という表現には、判断や予測など多様な要素が含まれていると思いますが、もちろん最も重要なのは、目で「見る」力です。アスリートの「見る」力に関しては、近年「スポーツビジョン」という概念でさまざまな研究が進んでいます。スポーツビジョンには動体視力、コントラスト感度、眼球運動など10種類ほどの項目があり、優れたアスリートはそれらの能力がおしなべて高いことが示されています。もちろん、「後の先」を実践できる達人たちがこれらスポーツビジョンの各項目に優れていて、相手の動きを見極める力が高いことは想像に難くありません。

私は、このスポーツビジョンの研究で活用される項目の中でも特に「周辺視」と「瞬間視」に注目してみました。

(1) 周辺視

人間の視覚の重要な働きをしている網膜は、中心付近に焦点が当たるほど識別の力は高くなります。ですから、私たちはできるだけそこに映像が結ぶように焦点を合わせて見ようとします。これを「中心視」と呼びます。映像が網膜の中心から離れて映るに従い、識別力は落ちていきます。例えば、中心視で1・0〜1・2の視力があっても、5度ずれると0・1程度に、10度ずれると0・05程度になるとされています。さらに中心から遠ざかると、姿形ははっきりとは認識できず、動きや光のみを認識するだけになります。

中心視から外れたものを識別するには「周辺視」が機能します。周辺視では、モノを正確に認識することはできません。しかし、すばやく動くモノ、あるいは点滅する光などを認識する能力は中心視と同等、あるいはそれ以上のものがあるとされています。

例えば、駅の電光掲示板や電車の行き先を示すプレートが、視野の片隅でチラチラと点滅していることを察知することはないでしょうか。改めて視点を合わせて中心視で見ると、特に点滅は認識できません。しかし、焦点をずらして視野の隅で察知すると、点滅を感じることができます。蛍光灯が古くなって交換時期に近づいたとき、かすかに点滅していることを視野の隅で感じることもあります。これらは、周辺視の独特な機能によるものです。中心視から外れた部分による周辺視は、高速運動を認知するのに優れているとされています。それは、中心から20度くらい離れた部分で最も感度が鋭敏であるとされています。

武道では「遠山の目つけ」、「観の目つけ」、あるいは「八方目《はっぽうもく》」などと呼ばれる概念があります。ある一点に焦点を合わせて凝視するのではなく、全体の動きが把握できるように広い視野を確保し、相手のあらゆる動きを察知することを求めるものです。これを実践するためには、視線は相手に向けつつも、決してある一点を凝視せず、相手の体全体を間接視野でとらえるようにします。相手の体の細部の一つひとつをはっきりと認識できなくても、手足の動きはすぐに察知できるようにするのです。これは、まさに高速の動きに鋭敏である周辺視の特性を活用した方法にほかなりません。

「後の先」では、相手が動いた際を狙ってこちらが反撃を加えます。身体的不応期を活用するにしても、心理的不応期を活用するにしても、相手の動きに応じて俊敏に反応することが肝要です。それを実践するためには、相手の体の動き全体を監視しながら、すばやい攻撃の仕掛けがあってもそれを敏感に察知できる周辺視を最大限に活用することが必要ということがわかります。

(2) 瞬間視

相手の出方に応じてすばやく反応するには、対峙する相手の動きを一瞬のうちに見極める力が必要です。特に互いに動きながらの攻防では、体の動きに応じて視野も動きますので、チラリと見ただけでなるべく多くの情報を取り入れ、判断に活かしていく必要があります。

図1−4は、パソコンの画面に0・1秒だけ提示される8ケタの数字を読み取る、という形式の実験に参加したイチロー選手の計測結果です。この測定は、イチロー選手がオ

図1-4 瞬間視の比較

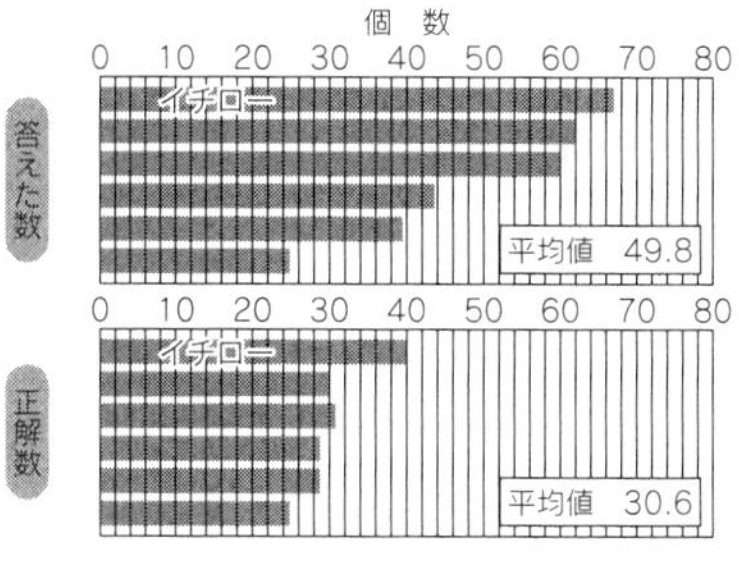

(金本, 1979)

リックス在籍時の1994年に実施されたもので、測定にはイチロー選手の他、当時在籍していた5人の左バッターも参加し、計6人で行われました。同じ課題に対して、回答できた数、正答だった数とも、イチロー選手が特に優れていることが示されています。優れたアスリートは、瞬間視によって対象物を短時間に正確に認識する力に長けているのです。

また、直径1㎝の複数の小さなボールを斜面に転がし、その動いているボールを一瞬見るだけで、ボールの数をどれくらい正しく認識できるかという瞬間視の実験も行われています。ボールを見る時間は0・1、0・2、0・3、0・4、0・5、0・6、1・0秒の7段階に分けて調べられました。その結果、ボールの数が4個以内なら、0・1、0・2、0・3秒という短時間でも正しくボールの数を認識できることが示されました。

前項で身体的不応期は約0・2秒と紹介しましたが、この瞬間視の実験では、動いているものでも止まっているものでも、目前のモノの数は0・3秒程度までなら瞬間的に四つまで認識できることが示されています。ということは、私たちは身体的不応期の限度ギリギリまで、目前の四つのモノを察知できる力があると考えることもできます。

例えば武道の場合、相手の体全体の動きに加えて、手足、あるいは竹刀などの動きをいち早く察知する必要があります。注意しなければならない動きが手足など4カ所までなら、その動静を一瞬のうちに監視することができると考えられます。

視点を変えると、「後の先」を実践する達人たちは、身体的不応期の限界である0・2秒までの間でも、四つにとどまらず、それ以上の数の対象を正しく認知できる人並みはずれた能力があるのではないでしょうか。その能力ゆえに、相手がどんな動きをしても瞬時に察知され、技を返されてしまうのだと思います。

●経験を糧とする力

「後の先」が実践できる達人たちは、生来、優れた視力や収縮力の早い筋肉を持つのでしょう。それでも、持って生まれた能力を手当たり次第に使うだけでは簡単に「後の先」の境地をつかむことはできません。一つの経験から自分の視点や戦略を分析、修正し、鍛錬の中でそれを糧として技を洗練させ、常により高い境地を目指す意識と姿勢があってこそ、達人の域に近づくのだと思います。

図1－5は、空手歴12年の三段と、初級者（剣道は四段）が同じ「前蹴り」を行ったときの重心の移動を示すデータです。実線が三段、破線が初級者を示しています。「水平速度」のグラフでは、蹴り足が水平方向に移動するときの様子が把握できます。蹴り足が相手に到達するまでには両者とも重心が70㎝／秒のスピードで移動しましたが、蹴った足を元に戻す動きでは三段がマイナス70㎝／秒であるのに対して、初級者はマイナス40㎝／秒であることが示されました。

初級者は空手の経験は浅いものの、剣道では四段の腕前ですから運動能力もそれなりのレ

図1-5　前蹴りにおける重心移動の比較

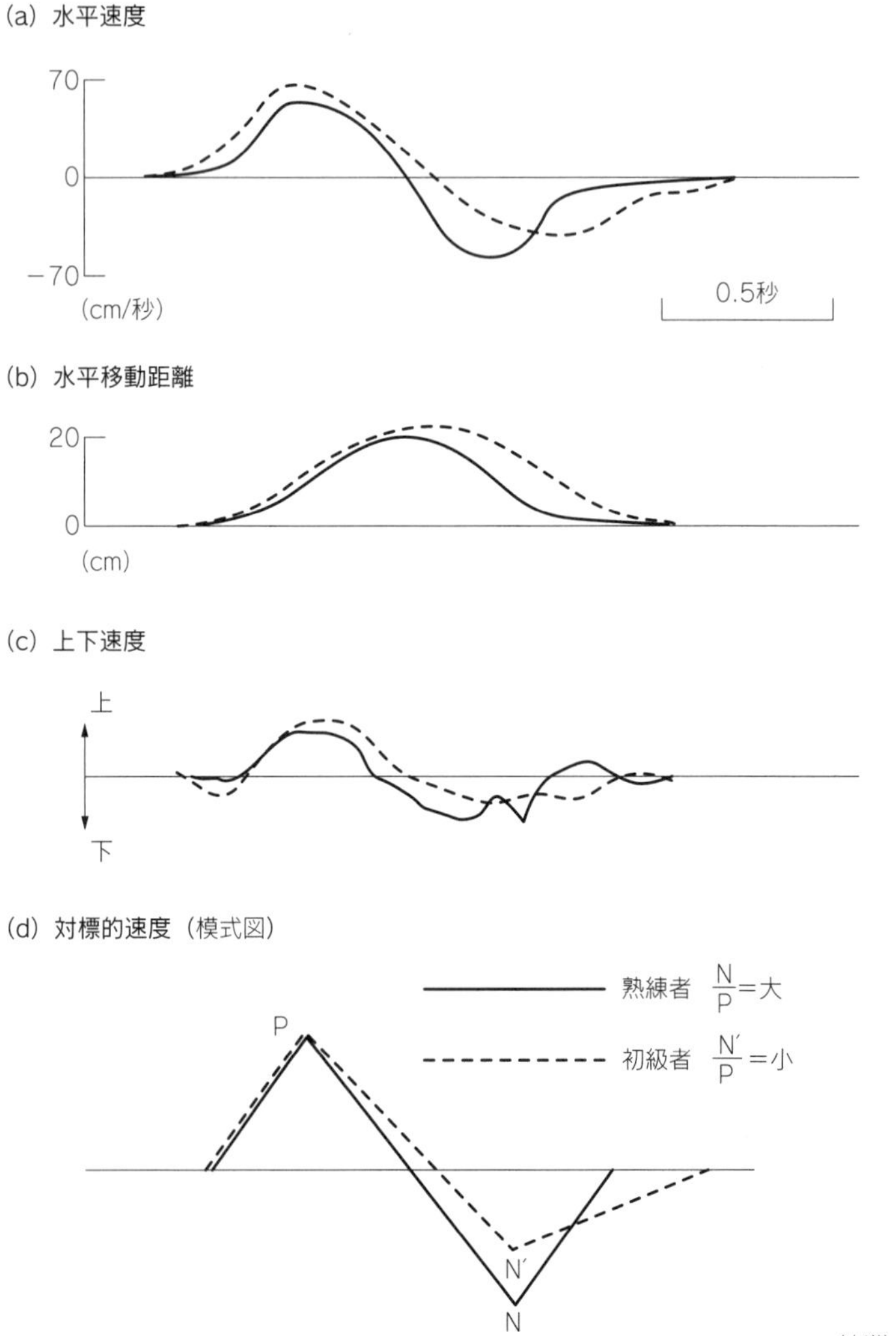

（大道）

ベルですし、トレーニングも日常化しているはずです。ですから、蹴り足を押し出す動作に関しては、三段と同等のスピードで重心移動ができています。しかし、蹴り終わったあと、足を元の構えに戻すスピードでは、三段が勝っていました。これは、技の熟練者ほど一つの動作による体勢の崩れが少なく、基本の構えにすばやく戻り、あらゆる事態に対処できる体勢を整える能力が高いことを示しています。

図1―6は、柔道の背負い投げに関する測定データです。五段師範の熟練者と初段の欧州からの留学生の試技が比較されています。両者は圧力板の上で20kgのダミーに背負い投げをかけ、そのときの床反力や重心の移動が測定されました。データから、五段師範がまず体を沈め、ダミーの下に潜り込むようにして背中に乗せ、そこから膝の屈伸を活用して投げていることが示されました。いっぽう、留学生は体の沈み込みがほとんどなく、重心を上方にわずかに移動させるだけでダミーを投げていることが示されています。

全身の力を効率よく活用してスムーズな「美しい」投げを披露した五段師範に対して、留学生が腕力にまかせて力ずくで投げていることがわかります。ここには経験による技の洗練の差が示されるとともに、日本の柔道で重視されている理想と、欧米で推進されている柔道トレーニングの力点の置き方の違いも示されているのではないでしょうか。力を合理的に使い、あくまでも鮮やかで美しい技を追求する日本の柔道と、プロセスはともかく勝てばいいとする欧州の柔道。力で圧倒しようとするなら筋力トレーニングで解決しますが、技を極め

図1-6 背負い投げにおける重心移動の比較

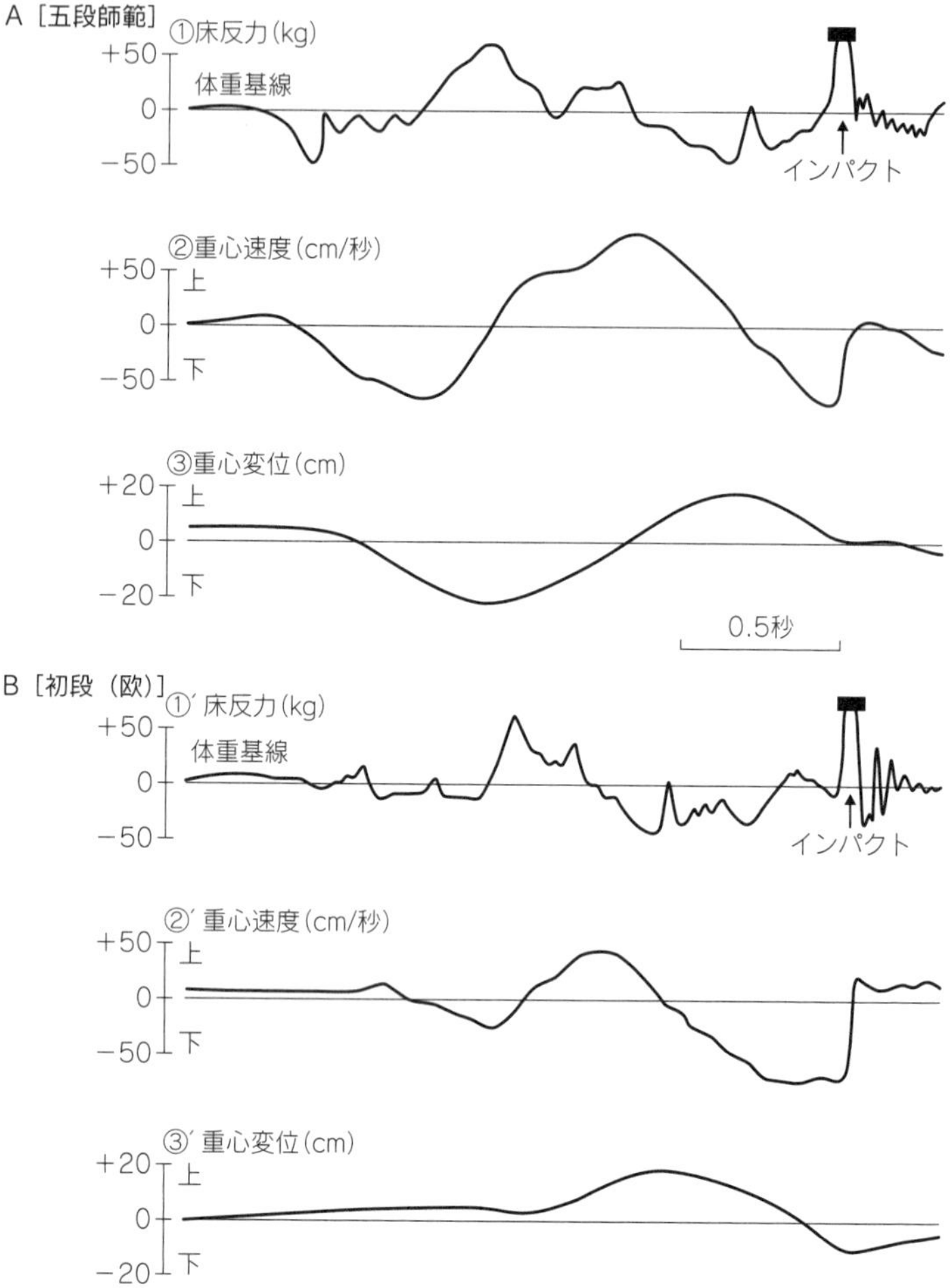

（大道）

ようとするなら、細かな重心移動など、微細な試行錯誤が繰り返される鍛錬が必要なのです。

図1−7は、ついたての向こう側の見えない目標にボールを投げる形式で、フィードバックの有無による投球精度の修正を比較した実験の結果です。実験の参加者は次の三つのグループに分けられました。

①投げるごとにボールが落ちた地点を教えてもらえる（位置フィードバック群）
②投げるごとにボールが落ちた地点を得点化した情報を教えてもらえる（得点フィードバック群）
③ボールの落下地点について何も教えてもらえない（統制群）

フィードバックが与えられるグループは、フィードバックが与えられると同時に得点が上がる（精度が高まる）いっぽう、フィードバックがないグループは、何度繰り返し

図1-7　ボール投げにおけるフィードバックの影響

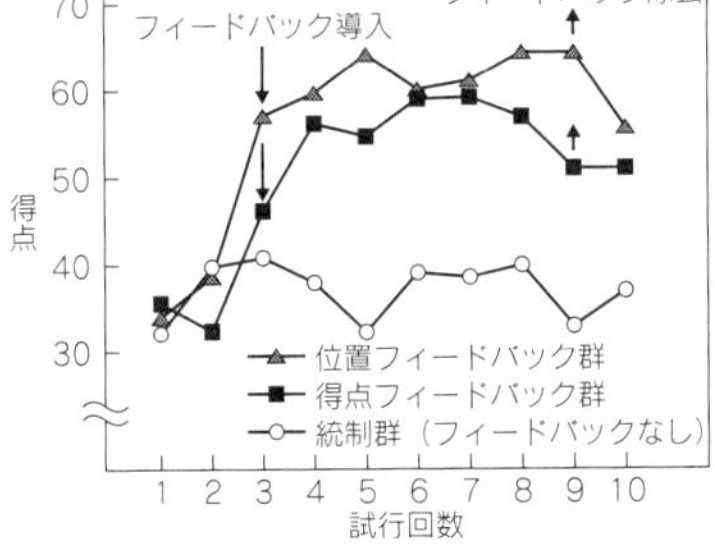

（杉原，1976）

ても得点は上がりません。人間が何かの動きを洗練していくためには、自分の行為を確認し、反芻し、必要な修正を加えて、つまりフィードバックして新たな動きをつくるという行為が不可欠なのです。達人たちは、こうしたフィードバックを常に適切に行いつつ、自らを高めていくのでしょう。

第2章

ボールゲームとカウンターアタック

1 日本人選手の特性とカウンターアタック

ここではボールゲームのカウンターアタックに焦点を当てます。採り上げるのは、バスケットボール、ハンドボール、バレーボール、サッカーです。

バレーボール以外の3種目はすべて、相手ゴールにボールを入れて得点を奪い、得点数を競う競技です。いずれもコート内に敵味方の選手が入り乱れ、攻撃と防御が表裏一体になる中、プレーが進行します。このように攻防が一体となった展開が宿命づけられている種目では、選手は勝つために必ず相手ゴールに向かって進まなければなりません。そのときには必然的に自陣ゴール前の守備を手薄にせざるを得ず、攻撃がストップされた場合には即座に、その手薄な守備を狙った相手の反撃が返ってくる宿命にあります。

このように攻守の交代が機械的にあるわけではなく、自分の攻撃に対して相手の反撃が常に対になっている種目では、守りながら攻めを考え、攻めながら守りを忘れず、という姿勢が必須になります。視点を変えれば、勝負を制するためのさまざまな要素の中でも、特に攻めから守りへの切り替え、あるいは守りから攻めへの切り替えをいかに短時間に的確に行うかが、これらの種目では大変重要な要素になります。その中で、特に守りから攻めへの切り替えがすばやく行われるプレーとして、カウンターアタックが存在します。

バレーボールはネットを挟んで競い合う種目ですから、他の3種目とは少し状況が異なります。しかし、バドミントン、卓球、テニスなどと違い、バレーボールでは「ブロック」という守備の技術があります。相手のアタックを受動的に待ち受けるだけでなく、能動的にストップしに出ていくことのできる技術です。バレーボールのアタック（攻撃）は、ブロック（守備）をかいくぐって攻撃しなければなりません。その点からいうと、バレーボールでは選手どうしの直接のコンタクトはありませんが、ブロックという攻防の瞬間に、攻守が交錯するコンタクトスポーツ的な要素が出現すると考えることもできます。

視点を変えれば、バレーボールでも相手の守備、つまりブロックの態勢が整わないうちにすばやくアタックに持ち込めれば、得点できる可能性が高まるわけです。そのように見ていくと、バレーボールの攻防では、アタックとブロックを巡る場面で極められていくプレーの中に、他の3種においてカウンターアタックに関係して追究されているものと同様の現象が見られるのではないかと想像できます。

さて、ここで採り上げる4種目は日本国内のみならず、国際的に広く普及している競技であり、各種目の日本代表チームは五輪や世界選手権の本大会、あるいはその予選で海外勢としのぎを削る運命にあります。身長の高さが大きな意味を持つバスケットボール、バレーボールのみならず、他の2種目でも、海外勢との対戦に際しては常に体格差、体力差（特に筋力差）が大きな壁の一つとされます。過去に比べて日本人の体格、体力が向上したとはいえ、身体能力の面ではいまだ海外の強豪国と同等とは言いがたい状況です。

そのため、それぞれの種目で長年にわたり、そうした体格、体力のハンディキャップを補うためのさまざまな戦術、戦略的な工夫がなされています。その工夫が具現化される際に、種目を超えて共通して意識されているのが、日本人の理解力の高さ、あるいは勤勉性、協調性の高さ、さらには労を惜しまない意識に基づいた機動力です。これらを活用しつつ、体格、体力で勝る海外の強豪チームに対抗していく手段の一つとして、カウンターアタック、あるいはカウンターアタックの概念を活かした攻撃が採用されています。

例えば、バレーボールで「クイック」と呼ばれる技術は、もともと日本チームの工夫から創作されました。通常のタイミングより速く、相手がブロックをつくる間もなく打ち込んでしまえば、いくら相手の身長が高くても防ぎきれない、という発想から生まれたものでした。このクイックに象徴されるように、短く、速く、連続して絶え間なく、などの概念は、日本のボールゲームのチームが海外の強豪に対抗するための戦術として、絶えず活用されています。サッカー日本代表でもオシム監督（2006～2007年就任）は「人もボールも動くサッカー」を標榜し、それを受け継いだ岡田武史監督（2007～2010年就任）は、ラグビーの元日本代表監督・大西鐵之祐さんが標榜し、強豪オールブラックスのジュニアチームに勝利する哲学になった「接近・展開・連続」をサッカーにも取り入れようと努力しました。

このように、過去、種目を超えて意識されてきた日本人の特性をボールゲームに活用する上で、守備から攻撃への切り替えをすばやく行い、相手の守備が整わない中、迅速に攻め込むというカウンターアタックの概念は、一貫して重要な意味を持つ戦術であり続けたと想像できます。各種目の一線級の指導者の方々が現在、日本チームが世界に挑むために何が必要と考えているのか、また、その中でカウンターアタックはどのような位置づけにあるのか、探っていきたいと思います。

2 バスケットボールとカウンターアタック

バスケットボールは、タテ28m・ヨコ15mのコート上で、1チーム5人のメンバーが3m05cmの高さに設置してあるリングにボールを入れた数を競い合うスポーツです。10分のクォーターを4度行い、ゴールの数が多いチームが勝利します。

バスケットボールでは、選手とボールの動きが滞らず試合がスピーディーに展開するためのルールがいくつか設定されています。ボールを保持したチームが24秒以内にシュートを打たなければならない「24秒ルール」、自陣内（バックコート）で保持するボールを8秒以内に相手陣内（フロントコート）に運ばなければならない「8秒ルール」、ボールを保持した選手が5秒以内にシュート、パス、ドリブルなどのアクションを起こさなければならない

「5秒ルール」などです。このようなルールが設定され、選手とボールのスピーディーな展開が期待されているバスケットボールで、カウンターアタックはどのような形で活用されているのでしょうか。

●ファストブレイクにつなげるディフェンス

「バスケットボールでは、相手の選手がディフェンスに戻りきる前にすばやくシュートまで持ち込むプレーを、ファストブレイク（fast break）といいます。ファストブレイクは、味方の選手がアウトナンバー（数的優位）のうちにシュートまで持っていくことが理想ですが、1対1、2対2、3対3などの状況で実行される場合もあります。ファストブレイクは攻撃で最優先されるプレーで、まずボールを奪ったらファストブレイクを狙うことが基本です」とU－18、U－16女子日本代表コーチの萩原美樹子さんは解説します。

ボールを奪ったとき、相手ディフェンスの態勢が整わないうちにすばやく攻めてシュートまでもっていくというファストブレイクは、まさにカウンターアタックと同じコンセプトのプレーです。そのファストブレイクを仕掛けるには、まず、相手チームからできるだけファストブレイクに持っていきやすい形でボールを奪うことが理想になります。その意図的にファストブレイクを仕掛けやすくするディフェンスとはどのようなものでしょうか。

「大きく分けて二つあります。一つはインターセプトでボールを積極的に奪いにいくディフェンス。もう一つは相手ができるだけ悪い態勢でシュートせざるを得ないように追い込むディフェンスです」

インターセプトとは、相手のパス、あるいはドリブルをカットして、相手チームの連携を寸断するプレーです。相手チームはパスやドリブルによる攻撃がつながることを前提に5人のプレーヤーが動いていますから、それが突然寸断されると、それを修正する動きが遅れ、迅速に十分な態勢のディフェンスに切り替えることが難しくなります。その間にすばやくシュートまで持ち込めれば得点の可能性が高くなります。

ただし、インターセプトを狙ったプレーでは、必ずしもパスやドリブルのカットが100%成功するわけではありません。インターセプトを試みたものの、それが不成功に終わる場合もあります。その場合、パスあるいはドリブルをカットしに出ていった選手は相手選手と入れ替わるような形でとり残されてしまい、その結果、逆に相手チームをアウトナンバーにしてしまう危険性があります。インターセプトを実行するには、その「仕掛けどき」をわきまえた的確な判断力が求められます。

次に、相手に悪い態勢でシュートさせるプレーとは、言い換えれば組織的なディスフェンスの連動によって、相手の攻撃を不十分な形に追い込むプレーです。複数の選手が互いのプレーをカバーし合う緻密に連動したディフェンスを行い、相手がシュートするまでに使える24秒の間に、できるだけ無理な態勢になるように追い込んでいきます。萩原さんによれば、それは次のような形で実行されます。

❶ボール保持者に対するディフェンス

まずボールを保持している相手選手に最も近い選手が、相手の自由なプレーを制限する位置どりをします。ここで大切なことは、ボール保持者が広い視野を確保できないよう厳しく追い込み、ドリブルによる突破あるいはパスを許さない姿勢を維持することです。このとき、ディフェンスプレーヤーは重心を一方に傾けすぎないように注意し、相手のあらゆる動きに対応できる体勢を整えておくことが求められます。

❷二線目のディフェンス

二線目とは、❶でディフェンスしている選手を一線目とし、それをカバーする二番目の選手のプレーのことです。二線目の選手は、まず自分に最も近い相手選手へのパスを阻止するために、パスコースに手を出してパスを遮断しようとします。この動きをディナイ・ディフェンス（deny defense）と呼びます。また、このようにパス1本分の距離を警戒するディフェンスプレーヤーの位置どりを、日本ではワンパス・アウェイ（one pass away）としています。

二線目の選手は、一線目の選手がドリブルで突破されたときにすぐにカバーし、次に自分が一線目のディフェンスプレーヤーとして❶のプレーができるような位置を保つことが求められます。そして、自分に最も近い相手にパスが通されてしまった場合は、パスを受けた選手の前にすばやく移動し、すぐに自分が一線目のディフェンスプレーヤーになります。

❸三線目のディフェンス

三線目とは、❶、❷、それぞれのプレーによるボールや選手の動きを俯瞰する位置に構える選手です。三線目の選手はボールと相手の動きを監視しつつ、一線目、二線目の選手に必要な指示を出してディフェンス陣形を整えます。また、展開の中でパスが自分に一番近い相手にまわってきた場合はすぐに自分が一線目のディフェンスプレーヤーになります。また、隣の味方が一線目のディフェンスプレーヤーになる状況では、自分が二線目のディフェンスプレーヤーになります。

二線目のディフェンスプレーヤーがパス1本分の距離（ボール保持者の隣に位置する相手）を警戒することを基本としていたのに対し、三線目の選手はパス2本分の距離（ボール保持者の隣の隣に位置する相手）を警戒することを基本としているため、三線目の位置

図2-1 二線目、三線目の位置とボールの動きに応じた切り替え

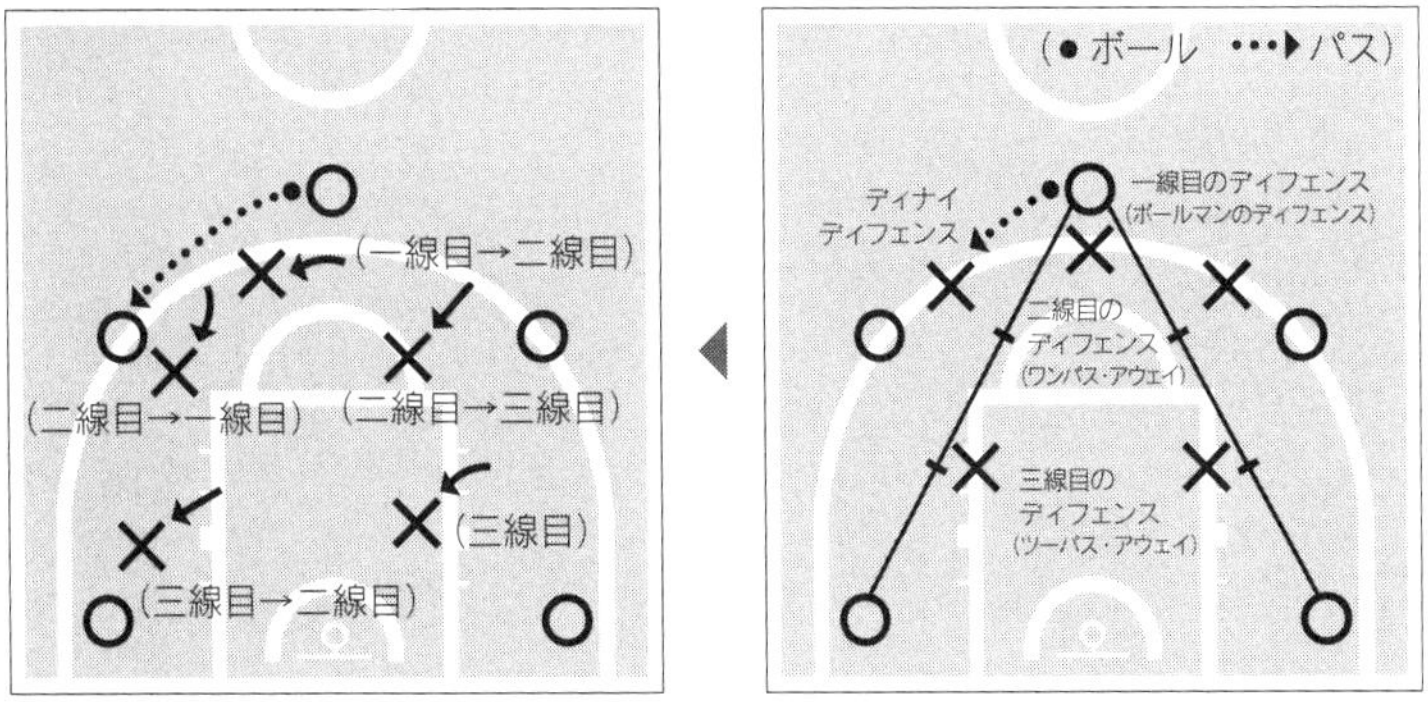

どりをツーパス・アウェイ（two pass away）と呼ぶことがあります。これは、ボール保持者から2本目のパスを受けようとする選手（自分のマークする相手）までの距離の3分の2のところに位置どりするのが基準とのことです。

以上、二線目、三線目の基本的な位置どりと動きは図2－1に示すとおりです。

このように、ボールを保持している相手に近い選手が常にプレッシャーをかけ、そのプレッシャーの背後に第二のディフェンスプレーヤーが構え、さらには残りの選手がそうした二つの動きを俯瞰しつつ、いつでもカバーのプレーが実行できるように構える。こうした緻密な連動を24秒間続けることによって、相手が不十分な態勢でシュートを打たざるを得ないような状況に追い込むのです。

この組織的ディフェンスを仕掛けるための戦術の一つに「ディレクション・ディフェンス」があります。それは「相手の攻撃が効果的な展開になりそうなサイドを〝切る〟ディフェンスのこと」と萩原さん。「切る」とは無効にしていくという意味です。例えば、コートの右サイドに相手選手が2人、コートの左サイドに相手選手が1人いたとすると、2人いる右サイドにパスを展開されたほうが自チームに不利になります。そこで、相手の攻撃が右サイドに行かないよう、相手が左方向に進まざるを得ないような態勢と陣形で追い込むことを「右を切る」と表現します。

こうしてボール保持者に近い選手から順にある方向に向かう攻撃を「切る」ディレクション・ディフェンスを行うことで、相手の展開は限定された方向に向かうことになり、後方で構える味方選手も、その限定されたサイドに向かって迷いのない思いきったディフェンスができるようになります（図2-2）。

以前は、相手の攻撃はペイントエリアと呼ばれるゴール前の長方形の場所で行われなければよいとされていました。そのペイントエリアの外側でパスをまわされることはある程度容認し、ペイントエリアでの動きを厳しくチェックするという方法です。しかし、近年ではエリアの外側、遠距離から3ポイントシュートを決める技術が向上したため、エリアの外側でも同様に厳しくディフェンスを行うことが求められています。特に二線目の選手は、エリア外側でまわされるパスを阻止するプレー（deny

図2-2　ディレクション・ディフェンス

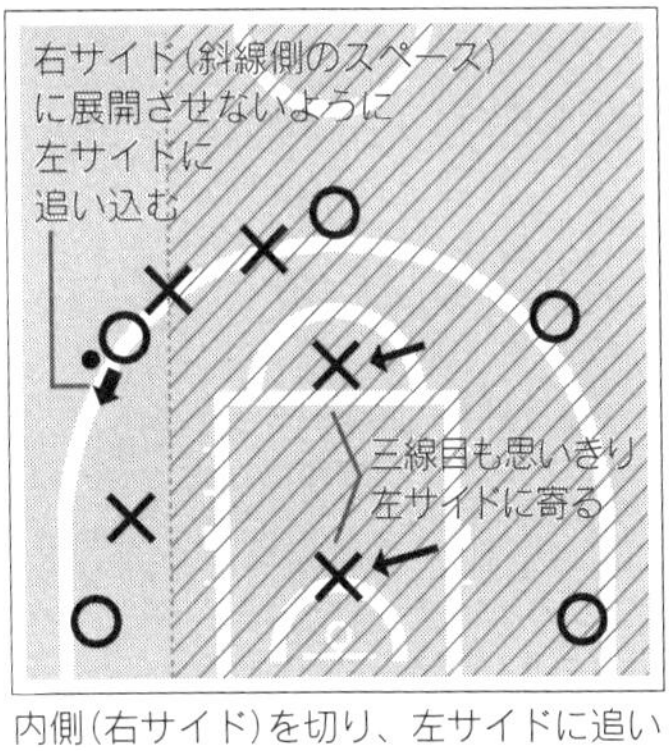

右サイド（斜線側のスペース）
に展開させないように
左サイドに
追い込む
二線目も思いきり
左サイドに寄る

内側（右サイド）を切り、左サイドに追い込むディフェンス

通常のマン・ツー・マンの位置どり

defense）をより強く求められるようになっています。

●ランアンドジャンプはショートカウンター

バスケットボールのコート上の5人のメンバーは、現在、以下のように分類されることが主流です。

・ポイントガード（PG）
・シューティングガード（SG）
・スモールフォワード（SF）
・パワーフォワード（PF）
・センター（C）

インターセプトあるいはリバウンドの獲得でボールが保持されると、まず最初にファストブレイクが狙われます。タイミングよくインターセプトできれば、俗に「ワンマン速攻」と呼ばれる単独ドリブルによるシュートも可能です。

リバウンドで保持されたボールはすぐに司令塔であるポイントガードに預けられ、同時に2人いるフォワード（スモールフォワード、パワーフォワード）はポイントガードを追い越すように左右のサイドを走ります。この疾走する両サイドのどちらかに効果的にパスをつなぐ形が最もシンプルなファストブレイクです（図2－3）。

　ポイントガードがボールを持ってファストブレイクを狙うとき、両サイドのフォワードの動きだけでなく、さらにセンターの攻め上がりが加わると、ファストブレイクの動きはより多彩になります。

　萩原さんによれば、通常センターには大柄な選手が起用され、中央でがっしりと構えたプレーが期待されるいっぽう、ファストブレイクで俊敏な機動力を発揮することは、あまり期待されないとのことです。しかし「アメリカのNBAではセンターもファストブレイクに絡んで走るスピードがある選手が多数います。センターにまでスピーディーにファストブレイクに絡まれると、対戦相手は本当に対処に困る」とのことです。

　さて、こうしてバスケットボールでは常にファストブレイクを第一の選択肢として攻撃が試みられますが、統計上、ファストブレイクによる得点は、おおよそ20％前後とされています。残りの約80％は、ファストブレイクを阻まれた

図2-3　最もシンプルなファストブレイクの動き

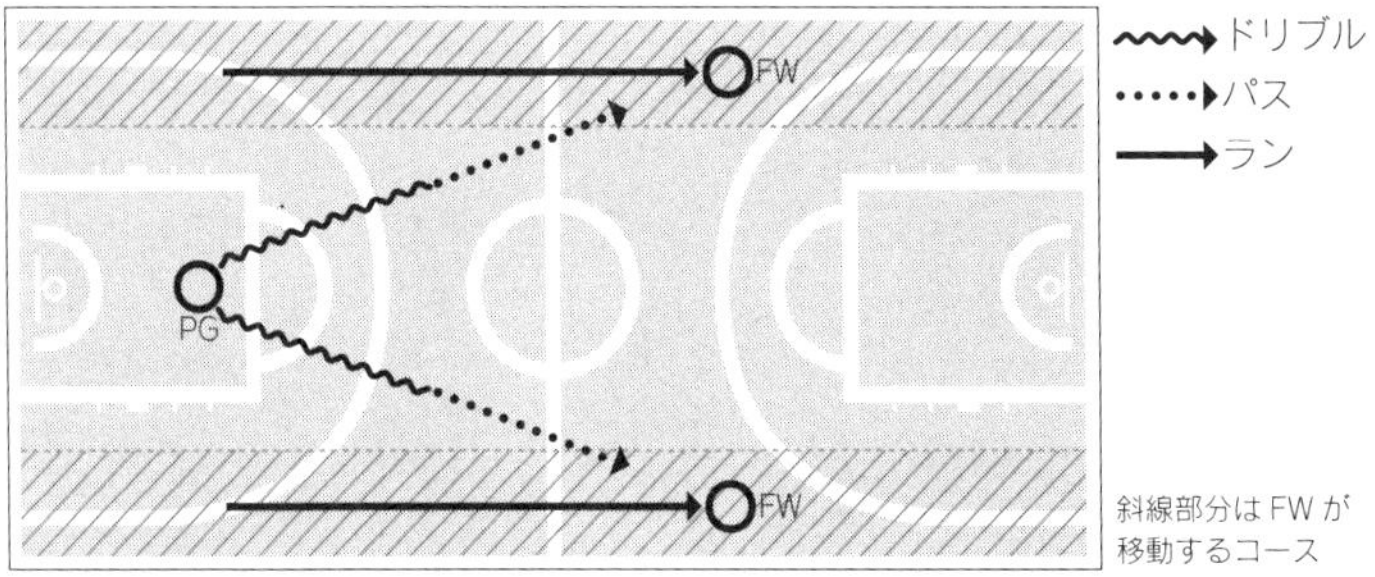

あとの攻撃によって生まれています。では、ファストブレイクが阻まれたあとの攻撃では、どういう動きが求められるのでしょうか。

「ファストブレイクが阻止されたあとの攻撃については、ファストブレイクのファストが『速い』という意味のfastですが発音が『第一』のファースト（first）に似ていることから、それにかけて、『セカンダリーブレイク』と呼ばれて、いろいろな方法が取り沙汰されています。それぞれの方法に利点があるのですが、重要なポイントは人とボールの流れを止めないことですね」

ファストブレイクが阻止されたから、とりあえず一息ついて別の方法を考えるというのではなく、ファストブレイクで攻め込んだ選手それぞれが、動きを止めずに相手のマークを引っ張りながらポジションを移動し、スペースをつくり出すなどの動きも必要です。例えば、ポイントガードがマークを引き連れて動いたあとのスペースにセンターが入ってきてボールを受けるといったプレーも、そうした選択肢の一つとして考えられます。

特に日本の場合、中央で相手のマークをものともせずにがっちりと構えるドミネイテッドセンターと呼ばれるタイプの選手が少ないので、選手全員が機動力を活かした攻撃、足を止めない展開力のある攻撃を仕掛けていくことが必要になります。

機動力を活かすプレーの典型として、相手陣内でボールを奪われたとき、自陣に戻ってディフェンスの陣形を整えるのではなく、奪われた直後からすぐに相手陣内で積極的にボールを奪い返しに出ていく「ランアンドジャンプ」というアグレッシブなディフェンスがあります。このプレーによって相手陣内、特にゴールの近くですぐにボールを奪い返せれば、一度、攻撃に出ようとした相手が再びディフェンスに切り替える前に、すばやくシュートに結びつけられます。それは、自陣に戻ってから組み立てる攻撃よりも効率のよい攻撃となります。

ところでサッカーでは、このように自分たちが奪われたボールをすぐに取り返し、相手の反撃の出ばなをくじく形で再び攻める方法を「ショートカウンター」と呼んでいます。サッカーでこの方法を徹底するには、激しい動きを休むことなく続ける高いレベルの体力が求められますが、それはバスケットボールのランアンドジャンプでも同じです。ランアンドジャンプを一試合を通じて常時、実施し続けることは容易ではありません。しかし、「日本が世界と戦うための理想としては、オールコート、フルタイムでマンツーマンのディフェンスを行い、あらゆる場所で厳しくボール奪取を仕掛けること」と萩原さん。選手にとっては大きな負担となりますが、相手のディフェンスが整わないうちにすばやく攻めることは、日本チームの活路でもあるのです。

もともと日本のバスケットボール界では、日本人の特徴である「粘り強さ」を活かした、前方のエリアでの積極的なディフェンスを推進しています。間断なくプレッシャーをかけ続けることで相手のミスによるターンオーバー（ボール保持の入れかわり）を誘い、また、できるだけ不十分な体勢でシュートをさせリバウンド獲得を狙うのです。同様に攻撃面でも、身長のハンディがある中で得点を奪うには、大型選手が揃って構えるディフェンス網に挑むよりも、機動力を活かし、ディフェンスが整う前にすばやく相手ゴール前に進出してシュートに結びつける形を狙うことが肝要と考えられています。ファストブレイク同様、ランアンドジャンプも、こうした狙いを具現化するプレーの一つなのです。

このように勤勉、協調性の高さを活かして統制のとれた組織的ディフェンスを行い、機動性を活かした「守」から「攻」へのすばやい切り替えから相手のディフェンスが整わないうちにすばやく攻め込むプレー、つまりカウンターアタックの概念を意識したプレーを実践することは、日本のバスケットボールが世界に挑むための重要な方法の一つとして意識されています。ファストブレイクもランアンドジャンプも、まさにカウンターアタックの概念を具現化したプレーの一つといえるでしょう。日本のバスケットボールにとって、これらのプレーを磨いていくことは、世界の舞台に挑む上で大変重要な意味を持つのです。

3 ハンドボールとカウンターアタック

ハンドボールは、タテ40m・ヨコ20mのコート上で1チーム7名の選手が、60分(前・後半30分ずつ）の試合時間の中で、高さ2m・幅3mのゴールの中にボールを通過させた数を競う競技です。7名の選手のうち1名はゴールキーパー（GK）です。

ハンドボールでは、選手はワンプレーごとに3秒間しかボールを保持することができません。また、ボールを保持した状態では3歩までしか動くことができません。そうしたルールの規定もあって、必然的にスピーディーなパスの交換が求められている競技ということができます。そのハンドボールでカウンターアタックはどのような意味を持っているのでしょうか。田中茂・日本ハンドボール協会コーチングディレクターの解説で見ていきましょう。

〝際〟を狙うカウンターは最優先の選択

「ボールを奪ったらまず、カウンターで速攻を狙う。カウンターができない場合に初めてセットオフェンスに切り替えて攻める。これがすべてのチームに共通する原則です。強いチームほどカウンターが巧みです」と田中氏。

セットオフェンスとは、選手が一定のフォーメーションを組む中から、さまざまコンビネーションを繰り出していく攻撃のことです。ハンドボールの試合を観戦すると、ゴール前で守備を固める選手を取り囲むように布陣した攻撃側の選手が、スピーディーにパスを交換しながらシュートするチャンスをうかがうシーンがありますが、それがセットオフェンスを試みている状態です。

このセットオフェンスはあくまで二番目の選択であり、まず最初にカウンターを狙う意識が必要とされるのですが、現実には相手からボールを奪ったときに常にカウンターが仕掛けられるわけではありません。

「ハンドボールのコートはタテ40ｍしかありません。しかもＧＫ以外の選手が進入できないゴールエリア（ゴールから６ｍ）がコートの両端にあるので、選手が移動するのは実質30ｍほどの距離になります。うまく活用できればいいのですが、少しでもこちらが手間どると、相手に修正のチャンスを与えてしまう短い距離でもあります。ですから、ただやみくもに前に速く走ればいいというものではなく、走るタイミング、走るコース、ボールの動かし方など、質の部分がとても大切になります」と田中さん。

ハンドボールの強豪国は大型選手を揃えていることが多く、身長２ｍ、体重１００㎏クラスの選手が複数いるチームも珍しくありません。そのような大型選手にゴール前の守備をがっちり固められてしまうと、セットオフェンスの中からコンビネーションのプレーでその守備をかいくぐり、ＧＫが構える高さ２ｍ・幅３ｍのゴールにボールを投げ込むことはかなり難しくなります。しかし、カウンターですばやく攻め込み、相手の守備の陣形が整わないうちにシュートに持ち込めば、体のサイズによるハンディはさほど感じずにすみます。そのため、日本のハンドボールが世界の舞台で闘う場合、カウンターは非常に重要な意味を持っていると田中さんは言います。

「日本人は勤勉ですから組織的に粘り強い守備ができる。協調性が高く我慢強いから、コンビネーションを保った組織で辛抱強くボールに食いつく守備をすることができます。そして、ボールを奪ったあとは、機敏な機動力がありますから短い距離をすばやく動くのが得意。こうした特徴が生きるカウンターこそ、日本のハンドボールが世界に対抗していく戦術そのものだと思っています」

もちろん、日本のハンドボール界に、そうしたカウンター重視の考え方がこれまでにもなかったわけではありません。しかし、カウンターに対する意識の中に、少し勘違いされていた部分があったかもしれないと田中さんは指摘します。

「カウンターの大原則は、シュートができるエリアまで、できるだけ速くボールを運ぶこと。そのための最短距離を、最も手数をかけないプレーを選択して進まなければなりません。ですから本来、たとえ攻撃する選手が少数でも、思いきってシュートにまで持ち込むことにプライオリティーがあるのです。しかし、これまではときとして、カウンターのときでも複数の選手を揃えてより確実な体制をつくろうとするようなところがあった。私に言わせればムダな〝ヨコパス〟をまわすようなところがありました」

複数の選手が関係し、手数がかかった攻撃ほどチームプレーが協調された「よい攻撃」と勘違いされがちなところは、日本のサッカーと共通する部分があるかもしれません。サッカー界でその点が反省されているように、ハンドボール界でも「リスクを恐れない決断」による大胆で速い攻撃は今後、重視していきたいと田中さんは強調します。
「カウンターを仕掛けるとき、私は〝際《キワ》〟を狙ったパスを投げろと言っている。〝際〟とは、パスの投げ手とパスの受け手の意識がピタリと合う瞬間。それは、ちょうどアメリカンフットボールのクォーターバック（QB）とワイドレシーバー（WR）の関係に似ています。WRがマークを外して『ここだ』と感じた瞬間にQBのパスが投げられる。そのタイミング、そのポイントが合致した瞬間にパスが成功する。漠然と速く動くだけではなく、パスの受け手が『ここだ』という瞬間をつくる動きと、パスの出し手がその瞬間を逃さずに投げる動きを一瞬のうちに一致させる。一瞬の勝負ですから当然、失敗のリスクもある。しかし、それを恐れて責任逃れのヨコパスをしていたら進歩はありません」

日本のハンドボール界では、中学、高校の指導者がリスクをはらむカウンターよりも、しっかりと人数を揃えて攻めるセットオフェンスを重視しすぎる傾向がある、と田中さんは指摘します。最大3年間しかない中・高のチームづくりの中で、毎年トーナメントで大会が開催されます。トーナメントは1回負ければ終わり。勝ちたいという意識が強くなれば、そこでリスク回避の意識が強くなることもやむを得ないかもしれません。しかし「日本国内で結果を出すことで完結するような指導をしていては、国際的なレベルにいつまでも追いつけない。世界の中の日本を考えるなら、世界に対抗できるハンドボールを追究していかなければならない」と田中さん。

「だから私は〝際〟を追究するためには、たとえパスの受け手の体勢が整っていなくても、そこがベストのタイミングだと判断したら、あえてその選手の背中にボールを当てるようなパスを送ってもいいと言っています。そのタイミングは絶対に逃さない、という意識を大切にして極めていく。受け手は、次からはよりすばやく体勢を整え、今度はそのタイミングでパスを受けられるようにする。そういうことの繰り返しでレベルアップがなされていくと思うのです。だから、ミス、リスクを恐れずにチャレンジしろと。まず切れ味鋭いカウンターを狙ってみろと言っています」

●カウンターを活かす3―2―1の守備

カウンターを繰り出すためには、カウンターに結びつけやすい守備が欠かせません。日本のハンドボールではどのような守備戦術が求められているのでしょうか。田中さんはそれを3―2―1のフォーメーションで追究しようとしています。

ハンドボールの攻撃は、GKを除く6人が前3人、後ろ3人という3―3の陣形をとることを基本として進められます。前の3人は相手ゴール前6mに引かれたゴールエリアの近辺に右、中央、左という形で配置し、後ろの3人はゴールから9mに引かれた9mラインのさらに後方、ゴールから11～12mの位置に同じく右、中央、左という形で配置します。もちろん、6人の選手の動きは展開に応じてめまぐるしく変化しますが、まずはこの位置どりが基本になります（図2－4）。
これに対して、守備側は6―0と呼ばれるフォーメーションで対抗することが最もオーソドックスです。GKを除く6人が、ゴールエリアのラインに沿って弧を描くように一列に並びます。この守備のフォーメーションは、相手のシュートを防ぐ位置に選手が均等に配置されているイメージになり、ゴール前の守備の「穴」は少なくなります。しかし、ボールを奪ったあと、攻撃に転ずる際には、6人のすべてが同じ位置から走り始めることになり、カウンターを繰り出すときに必ずしも有利な態勢とはいえません（図2－5）。

田中さんが導入している3―2―1のフォーメーションでは、ゴールエリアの周辺に3人、その前に2人、9mライン付近に1人、という配置になります。

相手の攻撃は、先ほど紹介した3―3の陣形の中で、9mライン付近に位置する後方の3人の選手のうち、中央に位置する司令塔役の選手の配球から組み立てられる

図2-4　基本的な攻撃時のフォーメーション（3―3）

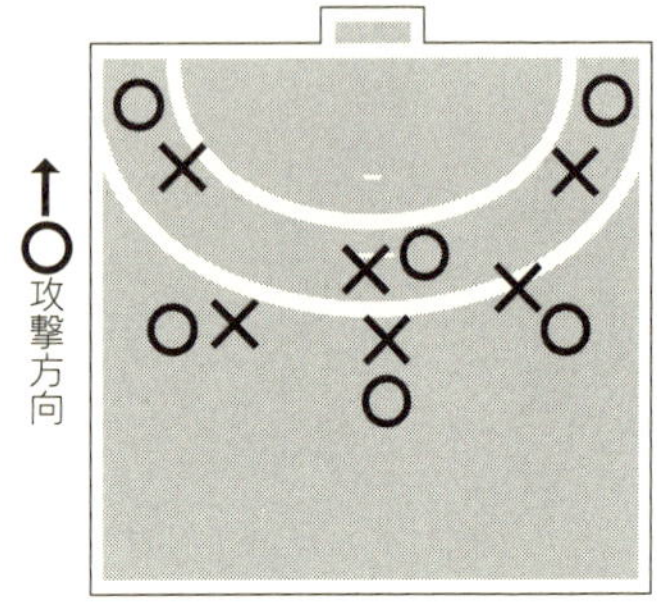

図2-5　基本的な守備のフォーメーション（6―0）

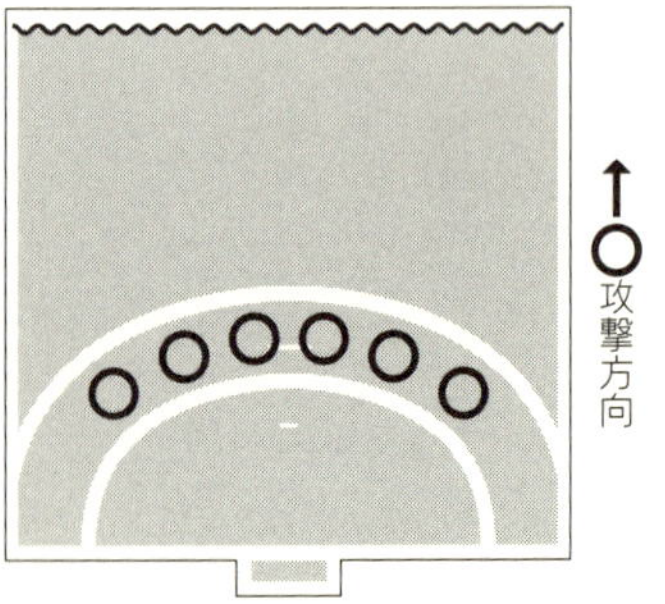

ことを基本とします。そこで、3―2―1の守備陣形では、まず最前線に立つ①の選手が相手の司令塔役の選手にプレッシャーをかけます。次に、指令塔役から左右の選手に送られるパスに対して、二列目の②の選手がそれぞれ左右をカバーします。そして、前線の人に対しては、三列目の③の選手がマークにつく形になります。これは、バスケットボールで採用されている一線目、二線目、三線目、と通じるコンセプトといえるでしょう（図2－6）。

この3―2―1の陣形で構えると、ボールを奪ってカウンターを仕掛けるときに、まず最前線に位置する①の選手にボールを預けることで、攻撃の起点をより相手ゴールに近い位置でつくることができます。そこに②の選手が走り込むことで、6―0のフォーメーションよりも効率よく守備からカウンターに移行することができるのです（図2－7）。

ただし、ハンドボールでは選手が自由にコート内を動

図2-6 3―2―1の守備のイメージ

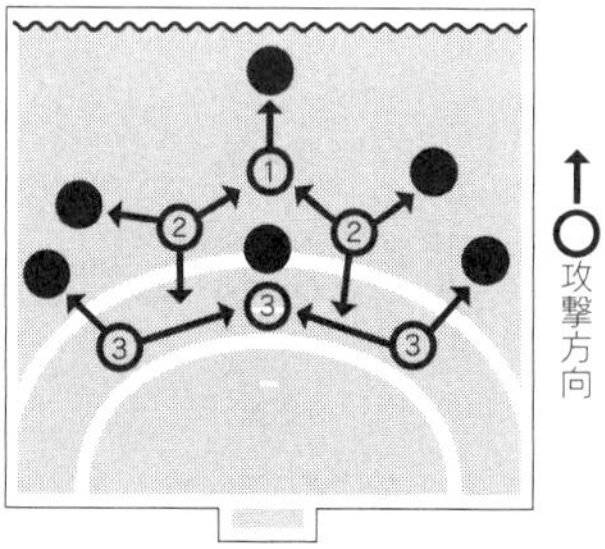

図2-7 3―2―1からのカウンターの例

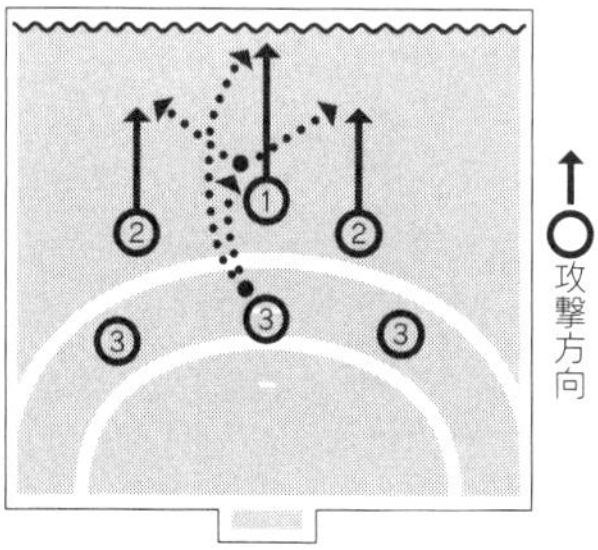

奪ったボールを①を経て両サイドの②に送る形、あるいは①を直線的に走らせて速い攻撃を仕掛ける。

きますから、攻撃の3—3や守備の3—2—1という選手配置が図式的にきちんと守られ続けるわけではありません。実戦では攻撃、守備とも、相手の対応によって位置どりは臨機応変に変わっていきます。その点について田中さんは「基本は3—2—1で守りますが、状況に応じて4—2の形、あるいは6—0の形に変化させて守ることもあり得ます。このシフトチェンジが柔軟かつ的確にできることがレベルアップの重要な指標でもあります」と語ります。

それでは、あまりカウンターには向いていない6—0の守備陣形をとる場合、どのような形でカウンターを仕掛けるのでしょうか。

「6—0のフォーメーションでは、6人が揃って守る中でも、中央の4人がゴール前でのボール奪取、あるいはリバウンドの獲得という役割を中心に担うことになります。そしてボールを奪った瞬間に両サイドの2人が一気に前線に走り出る。このとき、両サイドの選手は基本

図2-8　6—0フォーメーションからのカウンターの一例

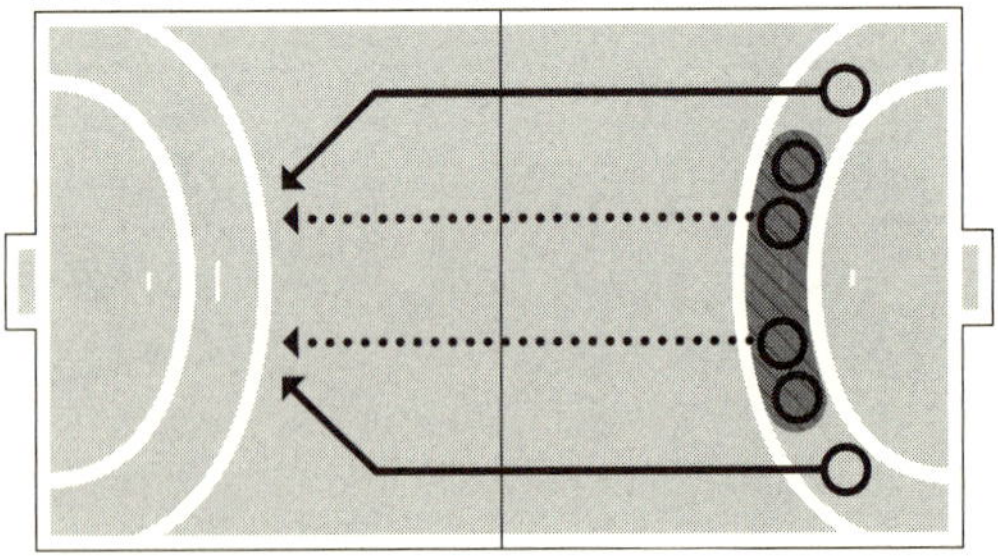

中央の4人が高い守備意識を保ち、両サイドがカウンターを狙う。パスはサイドの選手が走るコースを変化させた"際"を狙う。

的にはサイドライン付近を走りますが、直線的な動きには相手守備も対応しやすい。そこで、その両サイドを走る選手がコースを鋭く変化させるような動きをしてマークをかわす瞬間をつくる（図2－8）。この動きの中に、先ほどいった〝際〟の瞬間が生まれる。そこにパスを通す、そういうイメージです」

3―2―1で守るにしても、6―0で守るにしても、いずれもボールを奪ったときに最優先されるのはカウンターです。しかし、忘れてはならないことは、カウンターの形をつくること自体が目的ではなく、目的はシュートをして得点を挙げることです。どんなによい形でカウンターができても、最終的に相手ゴール前でシュートを躊躇していては本末転倒です。そのため、パスで〝際〟を狙うという決断力と並んで、攻め込んだあとに適切なタイミングでシュートを敢行する決断力も大切です。

サッカーでは、パスを出して「お膳立て」をすることに熱中するものの、自ら得点を狙ったシュートを試みることを避ける傾向が少年たちの世代に見受けられます。シュートは本来、サッカーのプレーのハイライトであり、誰もが一番トライしたいプレーであるはずなのに、それを自分で断行せず、人に譲りたがるのです。それは、シュートをミスしたときのチームメイトの落胆、非難、指導者の叱責といったネガティブな要素を受忍する気持ちが弱く、初めからそうした結果を避けて通りたいとする心理が働いているからと分析されています。こうした事態を打開するために、サッカーではまず、失敗を恐れずにトライすることを評価する環境づくりが求められています。失敗のプレーを叱責したり非難したりする環境を改め、トライする姿勢を評価しようとする機運が高まっています。

田中さんも、基本的にはそうした取り組みを評価します。ハンドボールでも同様に、まずはシュートを試みる姿勢を高く評価し、少年たちが難しい姿勢からでも思いきってシュートに持ち込むプレーを推進させたいと言います。ただし、そのいっぽうで、何事にも動じずに自分の決断を貫く強さを醸成することも必要と言います。ある年齢から先は、周囲の視線など気にせず、図太く自分のプレーを追究する逞しさも要求しなければならないと言うのです。この点について田中さんは、次のように語ります。

「パスやシュートを失敗したことを非難されて、すぐに落ち込んでしまうようなメンタリティーでは世界と戦えません。ですから、ある年齢からは、失敗も恐れないが、同時に自分のプレーを非難されても、それを跳ね返すだけの心のタフさも必要になってきます」

日本のハンドボールが世界の強豪国と戦うためには、カウンターアタックを磨くことが肝要です。そして、カウンターを成功させるための忍耐力、勤勉性、敏捷性、組織力については、日本人は優れた特性を持っています。そのいっぽうで、カウンターアタックには、的確な状況判断力と、それを実行するメンタル面の強さも求められます。特に心理的負担、リスクを背負っての決断力については、さらなる進化が必要なのでしょう。

4 バレーボールとカウンターアタック

バレーボールは、サッカー、ハンドボール、バスケットボールなどと違い、選手が対戦相手と直接、体を接触させて競うことがありません。選手は高さ2・43m（女子は2・24m）のネットを挟んで対峙し、タテ18m、ヨコ9mのコート内で攻防が展開する競技です。バレーボールでは、相手の攻撃を受けた止めたあと、3回以内のプレーで反撃を組み立て、ボールを相手側コートに返さなければなりません。ラリーポイント制を採用していますので、サーブを行う側、受ける側にかかわらず、得点は常に加算されていきます。25点先取したチームがセットを獲得し、3セット先取のチームが勝者となります。

こうしたバレーボールの競技特性の中で、バスケットボールやハンドボールなどで活用されているカウンターアタックという概念は存在するのでしょうか。また、それがあるとしたら、具体的にどのようなプレーとして駆使されているのでしょうか。元アメリカ女子代表チーム監督、現上尾メディックス監督の吉田敏明氏の解説で見ていきましょう。

●攻めから守りのギャップを狙うオプション

バレーボールは、一方のチームがサーブを行い、相手チームにボールを送ることでプレーが始まります。そのため、攻撃をするには、まずサーブを受けなければなりません。

ちなみにサーブとはもともと、バドミントン、テニスなど互いに打ち合う形式のスポーツが考案された当初、相手が打ち返しやすいボールを提供（serve）する主旨で命名されたプレーです。それは元来、互いが上手に打ち合い、いわゆるラリーが続いて一定時間継続してプレーを楽しむことを重視したからでした。その後、競技化が進むと同時にサーブはむしろ相手に「簡単に取らせない」ことが重視されるようになり、現在では各競技ともサーブは重要な得点手段の一つになっています。言うまでもなく、現代のバレーボールではサーブがかなり攻撃的な役割を担っており、強烈なスピード、パワーを含んだサーブが駆使され、それを的確に受けることからすべてのプレーが始まります。

バレーボールでは、パスが相手陣内で組み立てられている間は、能動的にボールを奪いに出ていく守備はできません。相手がアタックなどで攻撃を仕掛けてきて初めて、こちらの守備が始まります。言い換えると、基本的にはまず相手の攻撃を防御することなしには、こちらの攻撃を開始することができません（相手のミスにより攻撃のチャンスを得ることもありますが）。自チームのサーブ以外では常に先に「受け」があり、そこから「返す」形でゲームが進行するのです。このように、バレーボールではプレーの特性上、必然的にほとんどの攻撃が「受けて返す」カウンターの形になるわけです。その中で特に「カウンターアタック」として選り分けて考えるプレーがあるのでしょうか。

「それは、相手のアタックを防いでから反撃するプレー、つまりアタックレシーブからのプレーです」と吉田氏。

「アタックを打ち込む側のチームは、そのアタックが相手にブロックされたときのフォローのために、アタッカー以外の残りの5人の選手がネット付近に集まる布陣になります。それは、あえて守備の基本ポジションを大きく崩した形になっている。そこでアタックが決まるか、あるいはブロックされてもうまくフォローして拾えれば、こちらの攻撃が続くわけですから、相手から反撃される恐れはないわけです。しかし、アタックが成功せず相手レシーブに拾われた場合、今度はすぐに相手の反撃に備えてすばやくレシーブの基本ポジションに散って戻らなければならない。そのタイミングを狙って反撃されると、十分な形で守れないことがある。このようにレシーブした側が、アタックを打ち終わった相手側の『攻』から『守』への切り替えの

図2-9　カウンターに対処するためのポジション修正

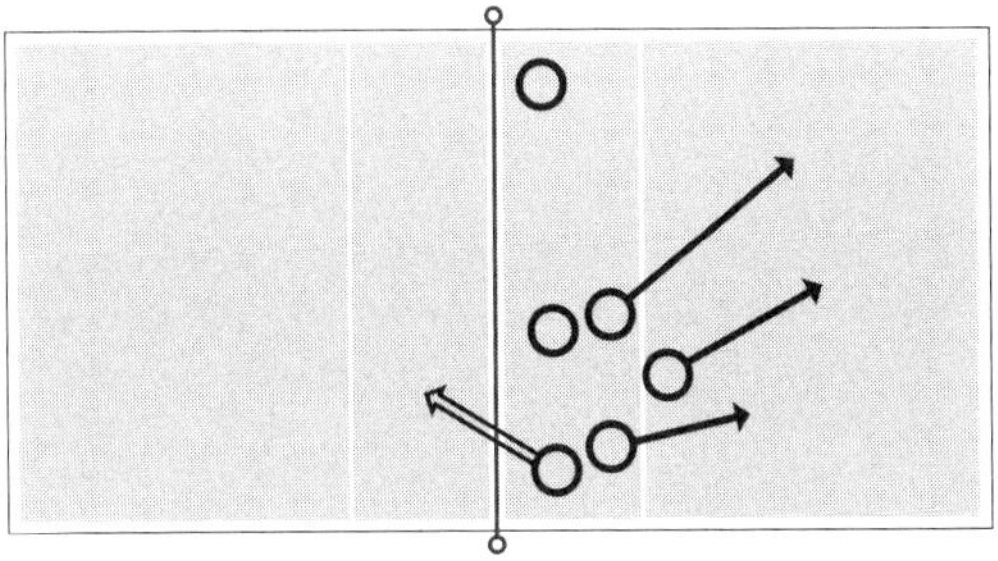

アタッカーの攻撃が成功しなかった場合、ブロックカバーのためにネット際に集まっていた選手は、相手の反撃に備えてコート奥の定位置に戻らねばならない。

ギャップを狙って反撃するプレーを、カウンターアタックといいます」（図2-9）。

例えば、トスを短く速く上げて打ち込む「クイック」などは、カウンターアタックとして駆使されるプレーの代表です。通常のアタックは、トスされたボールが軌道の頂点に達した前後でアタックされます。そのため、アタックする側も、それを防ぐブロックの側も、ボールの軌道と滞空時間に合わせてタイミングをとり、ジャンプすることができます。

同じタイミングでジャンプすれば、身長、ジャンプ力に勝っているほうが有利になります。しかし、クイックでは、トスされたボールが軌道の頂点に達するはるか前、ボールが上昇している途中ですばやくアタックされるため、相手ブロックが十分なジャンプの体勢を整える前に得点することが可能になります。クイックには、通常のアタックの形式のままトスからアタックの時間を短縮するAクイック、トスを上げるセッターとアタッカーの距離をAクイックよりも遠く設定するBクイック、Aクイックの形をバックトスで行うCクイックなどの基本形がありますが、近年ではそれらに数多くのバリエーションが加えられています。

さらには、レシーブ、トス、アタックという通常の3プレーのリズムで攻撃するのではなく、レシーブのボールを2プレー目で打ち込んでしまう「ツーアタック」などもカウンターアタックとして駆使されるプレーの一つです。また、相手の攻撃を防ぐブロックに当たったボールがネット付近に上がっている場合、レシーブ、トスなどの手順をふまずに直接アタックされる場合もあります。いずれせよ、バレーボールにおけるカウンターアタックのポイントは、相手のレシーブの陣形、ブロックの態勢が整わない中で攻撃を仕掛けることで得点の効率を高めることです。

バスケットボールとハンドボールのカウンターアタックにも、「ボールを奪った直後に相手の守備陣形が整わない中で反撃を仕掛ける」という共通した狙いがありました。バレーボールのカウンターアタックも、それらと同様の概念で成立しているわけです。「バレーボールでも、隙あらばまずカウンターを狙う、という意識を常に持つことが大切です」と吉田氏。

とはいえ、実際のバレーボールの得点の大半は、レシーブ、トス、アタックというオーソドックスなプレーから生まれています。長身で強力なエースにトスを上げて、強烈なアタックで得点を奪うという形が、欧米のバレーの潮流です。その中でカウンターアタックは、攻撃のオプションの一つにしかすぎません。しかし、世界では単なるオプションの一つであっても、日本ではそれがより重要な意味を持っている部分もあります。

日本のバレーボール界にも近年、高さ、強さで対抗できる選手が増えてはきましたが、それでもなお、特に女子では、世界の強国に対して体格のハンディは依然、大きな壁の一つになっています。ですから、オプションとして攻守の切り替えの速さを活かしたカウンターを巧みに使いこなすことは、日本のバレーではとりわけ大切なことなのです。

また、カウンターを実行するためには、先ほど紹介した「クイック」のように、精緻な技術と統制のとれたコンビネーションが必要となります。「クイック」をはじめ、「一人時間差」「ブロード」など多彩なコンビネーションプレーの多くが日本人の考案によるものです。高さ、力に対抗するために、技術とチームワークですばやく攻めるという概念を磨いてきた日本のバレーボールは、カウンターの概念の中でこそ存分に活かされてきたのです。

●攻撃的意識を持って行うレシーブ

では、バレーボールにおいてカウンターアタックをＴＰＯに応じて効果的に駆使できるようにするには、どんなプレーが重視されるのでしょうか。

「それは何よりも守備の1本目、つまり、最初のレシーブをいかに行うか、ということに尽きます。もちろん、レシーブはまずボールを落とさずに拾うことが第一なのですが、それだけではなく、拾ったボールがよい形でセッターに戻るかどうかということが問われる。つまり、『拾う』という受け身の概念だけではなく、拾いながらもそれをいかにして攻撃の第一歩のプレーにしていくかという攻撃的な意識を含むレシーブ、それができるかどうかがポイントになるのです」と吉田氏。

第1章では、守備と反撃が一体になることを理想とする「懸待一致」が繰り返し語られました。レシーブが「受け」に徹するのではなく、攻撃を構築する第一歩になるべきという視点、ボールを受ける瞬間に意識はすでに攻撃に転じているという視点は、まさに「懸待一致」と共通します。

バレーボールでこの意識を具現化する最もオーソドックスなプレーは、例えば、相手のレフト（味方から見て右）から打ち込まれてきたボールを、反対サイドになる味方のレフトから攻撃しやすいように、やや左側に向けてレシーブするというものです。相手がレフトから打ってきたということは、相手陣内ではアタックフォローのために多くの選手がレフト側に寄っているということになります。そこでレシーブのボールを左（相手にすれば右）にまわすことで、こちらの反撃を相手の守備の手薄な方向から行うことができます。しかし、このような方法は最も初歩的なものにすぎません。ナショナルチームのレベルでは、さらに高度な方法でレシーブからのカウンターアタックが狙われています。

　例えば図2―10のように、相手のアタックをブロックする際、コートをナナメに横切る「クロス」のアタックを完全にブロックする体制をつくり、あえてネットと直角の方向に向かう「ストレート」のコースを空けて、そちらに

図2-10　**意図したコースに打ち込ませる戦術**

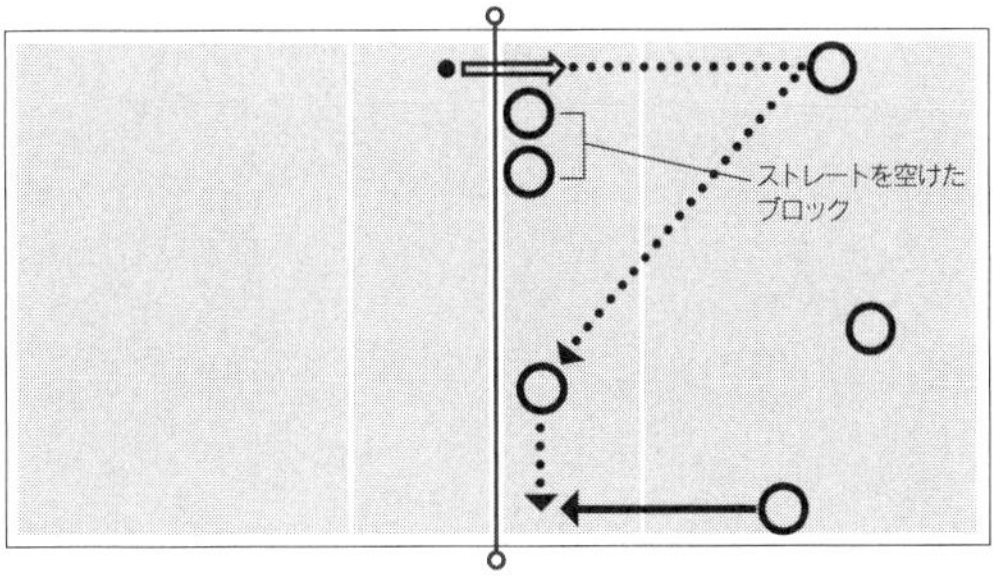

アタックを打たせる方法があります。このとき、アタックが打ち込まれるストレートのコースには、チームで最もレシーブの巧みな選手を配置しておきます。目論見どおりの方向に打ち込まれたアタックを万全の態勢で迎えたレシーバーは、よりセッターがプレーしやすいボールを送るレシーブができるわけです。もちろん、その逆に、ストレートを空けてあえてクロスを打たせる場合もあります。クロスに打たせるシフトを採用する場合、クロスのアタックがしばしばコートの深い位置に向けられることから、レシーブしたあとの反撃として、ローテーションで後衛に位置するアタッカーにバックアタックを狙わせるプレーにつなげる場合も少なくありません。

「いずれにせよ、そうしたシフトは何度も繰り返していれば、早晩、相手に読まれるわけです。そうなると相手もさらに思惑の逆をついて反対サイドに向けて打ってきたりします。だから、そうしたプレーをいつ、どのタイミングで実行するかが大切なのです。『ここが勝負の分かれ目の大切なポイントになる』という場面で、満を持して使うのです」

反対に、カウンターアタックをさせない攻撃もあります。例えば、先ほどのケースのように、相手がストレートのコースを空け、そこに打たせて狙いどおりのレシーブをしようとするとき、その狙いに乗らず、あえてクロスのコースでコートの奥深くに打ち込むことがあります。こうしたシフトの場合、レシーブの名手はストレートのコースに構えていますから、クロスのコースに飛んだボールは別の選手がレシーブしなければなりません。すばやいカウンターを狙うトスの準備になるような、万全のレシーブボールがセッターに戻される確率は低くなります。

このように、攻める側はセッターにできるだけ速く良質のボールを返し、できるだけ迅速に攻撃を仕掛けようとするのに対し、守る側（反撃を準備する側）はそれを阻止するために、相手が同じ3プレーでもできるだけ手間と時間がかかるアタックになるように仕向けます。視点を変えれば、バレーボールでは、カウンターアタックの仕掛け合い、防ぎ合いが基本になっていると見ることもできます。

●セッター的インテリジェンスがポイント

バレーボールで狙いどおりの攻撃を組み立てるために、特にカウンターアタックを成功させるためには、まず、それを可能にするための守備のシフトを徹底することが肝要です。このあたりも、バスケットボール、ハンドボールと共通しています。そして、狙いどおりの守備ができた次には、配球が巧みなキーマンになる選手にボールを預け、相手に十分な守備の時間を与えない中で反撃を仕掛けていくという流れが、バスケットボール、ハンドボールに共通したコンセプトでした。バレーボールでは、そのキーマンはセッターになります。

セッターの能力が高ければ、仮に狙いどおりのレシーブができずセッターへの返球が不十分なものであっても、それを良質なトスに変えていくことができます。日本では、代々能力の高いセッターが輩出される伝統があり、それが日本のバレーのレベルを維持している要因の一つという評があります。育成段階でも、能力の高い選手をセッターとして育てる意識は強くあるようです。

しかし当然、対戦相手は能力の高いセッターに十分なプレーをさせたくありません。そのため、まずセッターを狙って攻撃するという作戦は常に実行されます。セッターが狙われ、最初にボールをレシーブすることになると、次のプレーでセッター以外の選手がトスを行わなければならず、十分な体勢でのトスが上がらない可能性があるからです。「セッター以外の選手が効果的なトスができないということでは勝負にならないことから、今では、誰がセカンドボールを処理してトスを上げることになってもセッター並みのプレーができるようにしなければならない、という意識が高まっています」と吉田氏。

そのため吉田氏自身は、トレーニングの中に3対3、あるいは2対2で行う試合形式の練習を積極的に採用しているとのことです。このように、人数を制限して試合形式のトレーニングを進行させると、アタックのみ、レシーブのみという分業意識を捨てて、すべての選手が常に攻撃に結びつけやすいレシーブ技術を磨かなければならず、また、すべての選手が常によいトスを上げなければならない状況に置かれます。こうしたトレーニングを通じて、すべての選手にセッターの判断力と技術が身につくよう訓練をしていけば、攻撃はかなり多彩になるはずです。

折りしも、女子日本代表監督（２００８年12月〜）の眞鍋政義氏は、「速いトス」を標榜したチームづくりを進めています。それは、相手のブロック、あるいはレシーブの陣形が整わないうちに、すばやく攻撃を仕掛けるという意図の戦術です。まさにカウンターアタックの概念が利用されているわけです。この戦術を可能にしたのが、世界でも並外れて高い日本女子選手のレシーブ能力と、セッター竹下佳江選手の抜きんでたトス技術であったことは間違いありません。

献身的に固く守り、狙った形でボールを奪ったあとは判断力に優れた選手の配球を経由して、相手の守備が整う間を与えずにすばやく攻めきる。こうしたカウンターアタックの概念はバレーボールでも日本の生命線なのです。

5 サッカーとカウンターアタック

サッカーは1チーム11人の選手が90分間、タテ１０５m、ヨコ68mのピッチで、手を使わずにボールをゴールに通過させた数を競う競技です。前方にパスを出す瞬間に、パスを受ける選手よりさらに前に相手選手が２人以上（ゴールキーパーも含む）いなければならない「オフサイドルール」がありますが、プレーを細かく制限するのはこのオフサイドルールくらいで、選手の動き方にほとんど制約はありません。言い換えると、その自由裁量の広さゆえに、選手ごと、チームごと、あるいは国ごとに、プレーの方法は微妙に違ってきます。

サッカーの戦法は多様にありますが、非常におおまかに大別するなら、ポゼッションサッカーとカウンターサッカーの二つに分けることができます。ポゼッションサッカーとは、パスやドリブルなどを駆使して自らボールを保持する時間を長くし、試合の展開のイニシアチブを握る中で能動的に攻め崩していくというスタイルです。カウンターサッカーとは、あえて相手にボールを保持させる時間を長くする中で、自分がイメージしている守備の体制に相手を追い込み、狙いどおりにボールを奪ったあとに、相手の守備が整わない中、少数の選手で攻め崩すスタイルです。

2010年南アフリカワールドカップ（W杯）でサッカー日本代表はベスト16に進出し、その健闘が讃えられましたが、岡田武史監督が採用した戦法がカウンター重視のサッカーであったことが批判されました。日本のサッカーファンの多くは、この大会で優勝したスペインが実践したようなポゼッションサッカーを指向するべきだという考えを持っています。しかし、岡田ジャパンの戦法は、本当に好ましからざるものだったのでしょうか。また、カウンターサッカーを実践することは、日本サッカーの発展の王道から外れることなのでしょうか。

●カウンターは最優先すべき攻撃の一つ

岡田監督の前任者イビチャ・オシム監督は「人もボールも動くサッカー」を標榜し、パスワークと機動力を前面に押し出す戦法を推進しました。オシム監督が病に倒れ、岡田監督が後任に就いた当初も、その基本方針は引き継がれていました。しかし、大会前のテストマッチで敗戦が続いたことで、その戦法ではW杯本番で結果が残せないと案じた岡田監督が、大会直前に選手の配置と役割を変更しました。中盤に、守備に強い阿部選手を加えてディフェンスに厚みを加え、奪ったボールをワントップに据えた本田選手に預け、そこを起点に速攻を繰り出す戦法にシフトチェンジしたのです。

それまで日本代表で推進されていたパスワークと機動性を重視する戦法は、ポゼッション（ボール支配率）を高め、ゲーム展開のイニシアチブを握る中で攻撃を組み立てていくという、日本のサッカー界が重視する内容と合致し、世論からも大きな支持を得ていました。しかし、W杯で岡田監督が採用した方法は、相手にイニシアチブを握られる時間が長いことを想定する中、まず守備を固め、攻撃では丁寧なパスワークよりも手数をかけずに速く攻めることを重視したものでした。岡田監督への批判の多くは、南アフリカW杯で採用したカウンター重視の戦法は、その場での結果はもたらしたものの、長い目で見ればポゼッションを重視する日本のサッカー界が目指す努力に水をさすものである、という内容です。

では、岡田監督が率いた代表チームが、守備を固めてカウンターを繰り出す戦法で結果を出したことに対して、日本サッカー協会はどのような評価を与えているのでしょうか。同協会副技術委員長の吉田靖氏は次のように語ります。

「ポゼッションを高める中から、多様な攻撃の選択肢を持つサッカーを目指す日本サッカー協会の基本方針は、常に重視されています。しかし、代表チームはそうした理想を追うと同時に、目前の勝負を勝ちきっていく力も兼ね備えなければならない。その意味では、自分たちの現状と対戦相手の分析をもとに、あの方法を導き出し、それを短時間にきちんと咀嚼して戦ったことは評価できると思っています」

岡田監督の機転と指導力、それに選手の応用力の高さは確かに称賛すべきことでしょう。

そのいっぽうで、W杯で結果を出した堅守からカウンターを繰り出すという戦法が、日本が推進している「ポゼッションからの多彩な攻撃の構築」という戦法とベクトルが異なる部分については、どのような見解が示されているのでしょう。

「もともとカウンターアタックは重要な戦法の一つと認識されています。ボールを奪ったら、まず最短距離を最短時間でゴールに向かうことを考えろ、と指導指針でも謳われている。それは、何よりもまず第一にゴールを目指すプレーを選択しろという『ダイレクトプレー』の概念に基づくものです。それが難しい場合に、しっかりポゼッションしながら相手を崩す方法を考える。ですから、状況に応じてカウンターアタックが駆使できることは、本来、大変好ましいことなのです」

しかし、日本のサッカーファンの中には手数をかけたパスワークで崩す攻撃が高級であり、カウンターによる速攻は低級という考えを持つ人も少なくないようです。日本サッカー協会の方針の中でも、カウンターよりポゼッションが重要という考え方はあるのでしょうか。

「日本サッカー協会の指導も初期の頃はイングランドやドイツの影響を受けて、ダイレクトプレーの概念を何よりも優先させていた時期がありました。しかし、技術や戦術判断が未熟な状態でダイレクトプレーにばかり固執してしまうと、不十分な体制でもとにかく速く前に進めばいいという雑な攻撃になりがちで、その結果、簡単に相手にボールを奪われ、相手に主導権を渡すということになってしまいました。そうしたことへの反省と、また、きちんとボールをつないで崩すフランスやオランダ、スペインなどの指導、育成の影響を受けるようになったこともあり、その後、簡単にボールを失わないようにと、ポゼッションの概念が強調されるようになりました。そうした経緯の中、今はどちらかというと針がポゼッション重視のほうに大きめに振れている時代かもしれません。それでも、ダイレクトプレーとポゼッションのどちらが大切ということはなく、その両方を状況に応じて駆使できるということを目指すのが日本サッカー協会の方針です」

近年、ポゼッションを重視するあまりに、パスワークの連携そのものが目的になっているかのようなプレー、あるいは、本来の目的であるゴールを奪うための動きが軽視されたかのようなプレーが、日本サッカーの各年代で散見されていました。その傾向を修正すべく、指導のプライオリティーをまず「ゴールを奪うプレー、ゴールを守るプレー」に置くべきという指針が日本サッカー協会から発信されています。ポゼッションに振れすぎている針を、もう一度ダイレクトプレーのほうに振り戻そうとする動きです。

その意味では、南アフリカW杯を戦った日本代表がカウンター中心の攻撃で一定の成果を出したことは、ダイレクトプレーの効果を見直すという点で、有意義な試みであったといえるかもしれません。また、それまで長らくショートパスの連携と機動力を活用した攻撃で戦い続けてきた日本代表に、新しい「攻撃の引き出し」が加えられたという点でも、一定の評価を与えてもいいのではないかと思われます。

●結果と理想の間で繰り返される葛藤

重視される方法がダイレクトプレーとポゼッションの間で揺れ動くのは、日本だけではないようです。世界の一流の試合でどのようにゴールが生まれるかということに関しては、国際サッカー連盟（ＦＩＦＡ）によってW杯ごとに詳細に分析が行われていますが、その分析結果に各国の戦い方が影響されたと思われる現象が見られるのです。

「02年日韓大会の分析で、セットプレーとカウンターから得点が生まれる確率が高いという報告が出されました。その結果、次の06年ドイツ大会のときにはセットプレーとカウンターに注意しなければならないという意識が高まり、逆にセットプレーとカウンターからの得点が減少傾向にありました。10年南アフリカ大会では、今度はセットプレーとカウンターは警戒され研究され尽くしているという意識からか、オープンプレーからのゴールが増えている傾向があるようです」と吉田氏。

ＦＩＦＡの公式レポートを見ると、10年南アフリカ大会の64試合で記録された１４５ゴールのうち、オープンプレーからは１１０点、セットプレーからは35点で、セットプレーの全ゴールに占める割合は約24％でした。また、カウンターアタックという表現はされていませんが、「守備から攻撃へのすばやい切り替え」とＦＩＦＡが分類する方法によって生まれたゴールとして、10点が指定されています。それは、オープンプレー１１０点のうち約９％の割合です。一時、セットプレーからの得点は全体の40％近く、またオープンプレーの中にカウンターの占める割合は30％ほどと分析されていた時期もありますから、確かに南アフリカW杯では傾向としてはセットプレーとカウンターからの得点はやや減少したようです。

このように、W杯での得点パターンの傾向が出ると、それに対する対策が進み、次の傾向が出るとさらなる対策が進み……、という形で、世界のサッカー界でも各国が注力する部分が常に揺れ動いているようです。こうした前例から推測すると、オープンプレーからの得点が増えた10年大会の分析を踏まえて、14年ブラジル大会ではオープンプレーへの対策が進み、再びセットプレーとカウンターに注目が集まるのでしょうか。その推測の是非はともかく、世界のサッカー界では常に、ポゼッションとカウンターとセットプレーという三大要素の中で、得点を奪う方法が試行錯誤されていることは確かです。

南アフリカW杯では、ウルグァイが徹底したカウンターサッカーの実践で4位を獲得しました。ウルグァイは全7試合のうちボールポゼッションが50％に達した試合はグループリーグの1試合のみ（その試合は50％）で、残る6試合はすべて40％台、つまり相手に主導権を与える展開の中で、堂々と4位を獲得しています。また3位のドイツも決勝トーナメントに進出してからの4試合のうち3試合のポゼッションが40％台でした。反対に、すべての試合でポゼッション率が50％を上まわっていたチームは、優勝したスペインとアルゼンチンの2チームだけでした（図2-11）。このあたりの分析の詳細は拙著『日本のサッカーはなぜシュートが決まらないか』（合同出版）を参考にして下さい。

こうした現実を踏まえると、日本もしばらくはポゼッションで支配される戦いを念頭に、カウンターアタックを重要なオプションの一つに据えたほうがよいのではないか、という考えも浮上します。その点について吉田氏は次のように語ります。

「確かに現時点では、世界のトップクラスの国と戦うときに、日本代表がポゼッションで上まわるサッカーをして勝ち進むのは難しいでしょう。ですから、彼我の実力を見極めてどのように戦うか、ということをその時々の代表監督が十分に練らなければならない。しかし、代表チームがどのような戦い方をするにしても、プレーの引き出しに多くのオプションを備えておくことは必要です。要は、その中からその試合で何を使うか、ということです」

あくまで、あらゆる可能性を探りながら総合的な力を蓄える努力を続けるというのが、日

図2-11 南アフリカW杯ベスト８以上のチームのポゼッション率（%）

国名	対戦国	ポゼッション率
スペイン	スイス	63
	ホンジュラス	57
	チリ	59
	ポルトガル	61
	パラグアイ	59
	ドイツ	51
	オランダ	57
オランダ	デンマーク	58
	日本	61
	カメルーン	**49**
	スロバキア	52
	ブラジル	51
	ウルグアイ	53
	スペイン	**43**
ドイツ	オーストラリア	53
	セルビア	51
	ガーナ	55
	イングランド	**48**
	アルゼンチン	**46**
	スペイン	**49**
	ウルグアイ	52
ウルグアイ	フランス	**46**
	南アフリカ	50
	メキシコ	**41**
	韓国	**45**
	ガーナ	**48**
	オランダ	**47**
	ドイツ	**48**
ガーナ	セルビア	**49**
	オーストラリア	50
	ドイツ	**45**
	アメリカ	**49**
	ウルグアイ	52
アルゼンチン	ナイジェリア	58
	韓国	56
	ギリシャ	67
	メキシコ	51
	ドイツ	54
ブラジル	北朝鮮	63
	コートジボアール	56
	ポルトガル	61
	チリ	50
	オランダ	**49**
パラグアイ	イタリア	**48**
	スロバキア	**49**
	ニュージーランド	57
	日本	58
	スペイン	**41**

（太数字は50%以下のポゼッション率）

本サッカー協会の方針のようです。

「ポゼッションサッカーを極めたかのようなスペインも、今でこそ攻守両面で素晴らしいプレーを披露していますが、少し前までは、パスがまわるいいサッカーをしながらも、大事なところで勝てないという歴史を長く重ねてきました。テクニックで上まわっていながらパワープレーに屈するという試合を何度も経験してきたのです。しかし、そうした弱点を補うための努力がいろいろな形で積み重ねられて、今、あのように彼らのプレースタイルが開花しているわけです。ですから、目前の勝敗だけで簡単に結論を出してはいけない。理想を掲げて、それに近づくための努力を一歩一歩、地道に重ねていかなければならないと思います」

日本にある多くのボールゲームの中でも、サッカーほど日本代表チームの採用する戦術について多くの批評が集まる種目もないでしょう。また、カウンターアタックという概念を駆使することへの是非についても、サッカーほどファン、メディアが喧噪を繰り返す種目はないでしょう。さらには、カウンターアタックに対するネガティブな見解が多いのもサッカーファンの特徴かもしれません。吉田氏が語る、「要はカウンターアタックも引き出しの中の重要なオプションの一つ。ＴＰＯに応じてポゼッションと使い分けられることが理想」とする大局的な視点にどれだけ賛同者が集まるか、興味深いものです。

第3章

サッカーのカウンターアタックの実際

1 カウンターアタックの多角的分析

前章の最後に「カウンターアタックに対するネガティブな見解が多いのもサッカーファンの特徴」と書きました。繰り返し紹介するように、2010年南アフリカW杯でベスト16に進出した日本代表は快挙を称賛されるいっぽうで、守備的な戦術が批判されています。振り返れば、アトランタオリンピック（1996年）で優勝候補ブラジルを破る金星を挙げたチームも、基本とする戦術が守備主体であるとして批判の対象になりました。日本のサッカーファンは、自らゲームの主導権を握るのではなく、まず守備を主体にし、隙を見てカウンターを繰り出す戦法を「リアクションサッカー」と呼ぶことがありますが、「あのチームはリアクションサッカーだ」とファンに評される場合、そこに称賛の意味が込められることはほとんどありません。

日本のサッカーファンの多くは、スペインの強豪・バルセロナのサッカーを理想とするようです。バルセロナは、パスを丁寧につなぎながら相手の守備の間隙を縫って攻撃を仕掛ける戦法が駆使できるチームで、2010年南アフリカW杯で優勝したスペイン代表チームの中核を為すチームでもあります。常にボールを保持し続け、自らが描くイメージどおりに相手を攻略して得点を取る、そうした高度なプレーが実現できる数少ないチームです。その理想があるからでしょうか、相手に主導権を握らせつつ、カウンターを狙う戦法は好ましからざるものとする見解が、日本のサッカーファンの間では数多く出されています。

しかし、冷静に振り返ってみれば、日本代表が世界の舞台に出て挙げている得点は、カウンターから挙げられたものが意外に多いという事実があります。世界の舞台という基準をどこに定めるのかという部分にはさまざまな議論があるでしょう。ここでは、FIFAの主宰する世界大会でグループリーグを突破し、決勝トーナメントに進出した日本代表チームの試合における得点を採り上げます。

日本代表が初めてW杯で決勝トーナメントに進出したのは2002年日韓大会です。その緒戦、ベルギー戦で挙げた1点目は自陣左サイドで中田浩が奪ったボールを受けた小野が鈴木にロングボールを送ったカウンター、2点目もハーフウェイライン付近で稲本が奪ったボールを柳沢が受けてすばやく稲本に返し、そのまま稲本が持ち込んで決めたカウンターでした。続くロシア戦の稲本の得点は、セットプレーからのすばやい展開で挙げられました。チュニジア戦の2得点は、相手のミスを森島が直接蹴り込んだものと、ポゼッションからサイドに振り、クロスに中田英が合わせたものでした。日韓大会で記録した全5得点のうち2点がカウンターによる得点で、セットプレーからの展開、相手のミス絡みが1点ずつ、ポゼッションからの得点が1点でした。

もう一つ、決勝トーナメントに進出したのは2010年南アフリカ大会です。緒戦、カメルーン戦の得点は、ポゼッションからサイドに振り、クロスに合わせる形で本田が挙げました。続くオランダ戦は無得点。グループリーグ最後のデンマーク戦は3－1の勝利でしたが、このうち2点はセットプレーから直接のゴール（本田、遠藤）、3点目がカウンターから本田、岡崎とつないで挙げられました。全4得点のうちセットプレーからの得点が2点、ポゼッションからの得点とカウンターからの得点が1点ずつです。

23歳以下で選抜される五輪代表は2000年シドニー大会でベスト16に進出しています。この大会の緒戦、2－1で制した南アフリカ戦では、1点目はセットプレーからのヘディング（高原）でしたが、2点目は自陣深い位置から抜け出した中田英がスルーパスを送り、ナナメに走り込んだ高原が決めたカウンターでした。2戦目のスロバキア戦で挙げた1点目は、自陣ペナルティエリア前で中澤がカットしたボールを左サイドの三浦淳につなぎ、三浦からのクロスに中田英がダイビングヘッドで合わせたカウンター、2点目も日本ゴール前でスロバキアのシュートの跳ね返りを拾った中田英が高原に送り、独走した高原のシュートをGKが弾いたところを稲本が押し込んだカウンターでした。ベスト8をかけたアメリカ戦では1点目、2点目ともポゼッションからサイドに振り、クロスに合わせたものでした。シドニー五輪の全6得点のうち3点がカウンターによる得点で、セットプレーからの得点が1点、ポゼッションからの得点が2点でした。

2012年ロンドン五輪ではベスト4進出という健闘でした。ここで挙げられた全6試合、

6得点のうち2得点（モロッコ戦・永井、エジプト戦・永井）がカウンター、2得点がセットプレー（スペイン戦・大津、エジプト戦・吉田）、2得点がポゼッションから（エジプト戦・大津、メキシコ戦・大津）でした。

このように、世界の舞台で決勝トーナメントまで進出した日本代表チームでは、要所でカウンターアタックによる得点が重要な役割を果たしていることがわかります。それでは、もう少し視点を広げて、W杯で好成績を挙げている強豪チームではどうでしょう。この章では、まずFIFAがまとめた2010年南アフリカW杯のデータから、カウンターアタックの実際を探ってみようと思います。日本のファンが日本代表にそうあって欲しいと強く念ずるように、世界の強豪チームは常にポゼッションで優位に立ち、自ら描くイメージに近い形で得点を挙げ、勝ち進んでいるのでしょうか。また、この大会で日本より好成績を挙げたベスト8以上のチームは、ポゼッションとカウンターをどのように駆使しているのでしょうか。

次に、世界中からカウンターサッカーの本場と認められているイタリアの代表的なチームに焦点を当て、勝負のかかった大切な試合でどのようにカウンターを仕掛けているのか、その実態を分析ソフトのデータを基に見ていきたいと思います。分析の対象にしたのは長友佑都が所属している強豪インテルミラノです。データを採用したのは長友が移籍する前の試合ですが、彼らがいかにしてカウンターを仕掛けていくのか、その伝統的なコンセプトの秘密を探り出したいと思います。

世界のサッカーを分析したあとは、人工知能のサッカーからカウンターアタックを見ていきます。人工知能のサッカーとは、工学研究者たちが競い合うプログラミングによるサッカーゲームです。11人の選手に見立てた人工知能のそれぞれに情報がインプットされ、その人工知能のチームどうしが画面上で対戦します。ごく単純化して紹介するなら、それは選手である11個の人工知能が瞬時に確率計算をしつつ、互いにゴールを奪いコンビネーションを形づくっていくプログラムで、いわば数値上の確率を追究しながら対戦するサッカーです。そんな確率計算の闘いの中で、果たしてカウンターという選択肢は機能するのか否か、人工知能たちの判断と評価を見ていきます。

サッカーのカウンター、すなわち好ましくない戦術、と烙印を押す前に、カウンターの実態をよく理解し、それをいかにして使いこなしていけばいいか、ということのヒントになればと思います。

2 南アフリカW杯におけるカウンター研究

●得点パターンの分析から透けて見える傾向

２０１０年南アフリカW杯はグループリーグから決勝戦まで全64試合が行われ、１４５得点が記録されました。ＦＩＦＡは大会終了後、すべての試合に関して詳細な分析データを発表しています。その中に「How the goals were created」（ゴールがいかなる形で挙げられたか）という分析項があります。W杯の全64試合で挙げられた１４５ゴールを、いわゆる「得点パターン」別に集計した分析です。以下にＦＩＦＡの集計に基づき、得点数が多かった順に得点パターンを示します（かっこ内は得点数）。

- Wing play（38）
- Set pieces（33）
- Combination play—through centre/final pass/defense-splitting pass（33）
- Shots from long range（20）
- Fast transition from defense to attack（10）
- Solo effort（5）
- Winning ball close to opponent's goal（3）
- Defensive error（3）

最も多かったのがWing play、日本流にいえば「サイドからの崩し」による得点（38点）で、全得点に占める割合は約26％でした。次に多かったのはSet pieces「セットプレー」による得点と、Combination play—through centre/final pass/ defense-splitting pass「守備の中央を崩すコンビネーションのパス」による得点（ともに33点）で、同じく約23％ずつを占めています。続いてShots from long range「ロングシュート」（20点）が約14％、Fast transition from defense to attack「守備から攻撃へのすばやい切り替え」による得点（10点）が約7％と続いています。

このＦＩＦＡの分類の中には「カウンターアタック」という項目はありません。しかし、プレーの内容から考えた場合、Fast transition from defense to attack「守備から攻撃へのすばやい切り替え」がそれに相当するものと考えていいでしょう。ですので、今後はこれをカウンターアタックとして進めさせていただきます。

全得点で比較すると、サイドからの崩しやセットプレーなどに比べて、カウンターが占める割合は高くありません。しかし、得点がどの試合で挙げられたかを詳しく見ていくと、興味深い事実がわかります。

W杯はまず4チームずつ8つのグループで総当たりのリーグ戦を戦い、各グループ上位2チーム、計16チームが決勝トーナメントに進出します。グループリーグでは、上位2チームを目指して激しい順位争いが繰り広げられるいっぽうで、試合によっては勝敗が決勝トーナメント進出に関係しない消化試合になるケースも出てきます。また、決勝トーナメントを考慮して、主力を休ませる時間をつくるチームも出てきます。したがって、グループリーグではすべての試合が一つ残らず90分のすべてに全力を傾注した試合になるわけではありません。

いっぽう、決勝トーナメントは一発勝負ですから負ければすべてが終わりです。そのため、各チームは試合に勝つために最も現実的で効力のある戦法を採用することになります。

さて、こうした現実を踏まえた中で、この本のテーマであるカウンターによる10得点がどの試合で記録されたかを見ていくと、グループリーグ（48試合）3点、決勝トーナメント（16試合）7点で、圧倒的に決勝トーナメントでの割合が増えていることがわかります。いっぽう、最も数が多かった「サイドからの崩し」による得点はグループリーグ32点、決勝トーナメント6点で、逆に決勝トーナメントでは大きく減少しています。次に多かった「守備の中央を崩すコンビネーションのパス」による得点もグループリーグ22点、決勝トーナメント11点で、決勝トーナメントでは半減しています。ロングシュートもグループリーグ15点、決勝トーナメント5点で、決勝トーナメントでは減少しています（図３－１）。

次に、決勝トーナメントの得点に焦点を絞りましょう。決勝トーナメントは全部で16試合、挙げられた得点は41点です。

図3-1　グループリーグと決勝トーナメントの得点パターンによる比較

	全得点数	グループリーグ得点数	決勝トーナメント得点数
カウンター	10	3	7
サイドの崩し	38	32	6
中央の崩し	33	22	11
ロングシュート	20	15	5

このうち、セットプレー（10点）、守備のミス（1点）、個人突破（1点）を除く29点がオープンプレーからの得点（いわゆる、流れの中からの得点）ということになります。決勝トーナメントで挙げられたオープンプレーからの29得点をパターン別に比べると、次のような順位になります（かっこ内は割合）。

・「守備の中央を崩すコンビネーションのパス」による得点　11点（約38％）
・カウンター　7点（約24％）
・サイドからの崩し　6点（約21％）
・ロングシュート　5点（約17％）

「守備の中央を崩すコンビネーションのパス」による得点が最も多いのですが、二番目にカウンターが浮上してきます。全試合を通して見ると圧倒的に多かった「サイドからの崩し」による得点は、決勝トーナメントに限ると一気に数が減り、カウンターよりも少なくなってしまいます。

きちんとコンビネーションを整え、相手守備網を攻略して中央を破るというサッカーの攻撃の王道である方法が、たとえあとのない一発勝負の試合であっても、最も得点を挙げる可能性が高かったという事実は、サッカーの未来にとって大変喜ばしいことと感じます。同時に、決勝トーナメントに進出してからは、カウンターによる得点が威力を発揮し、オープンプレーからの得点の約4分の1を占めていることにも注目しておくべきでしょう。サイドからの崩しは確かに重要な得点方法で、グループリーグでは圧倒的に多くの得点を生み出しています。しかし、一発勝負の決勝トーナメントに進出してからは、カウンターよりも少ない得点数であったことも、同時に認識しておく必要があるでしょう。

また、ここではカウンターに焦点を当てて見ましたが、セットプレーによる得点が決勝トーナメントに入っても10点あり、単純に得点数だけで比べると、第一位の「守備の中央を崩すコンビネーションのパス」による11得点に迫る存在であることも忘れてはいけません。

●「タメ」も重要な役割を担っている

ここでは南アフリカW杯でFIFAが「守備から攻撃へのすばやい切り替え」による得点(カウンターによる得点)と分類した10得点を詳しく見ていきましょう。

(1) グループリーグ

❶南アフリカ/シャバララの得点(vsメキシコ55分)

中盤のチェイスで奪ったボールをワンツーで短くつなぐ間に左サイドをシャバララがオーバーラップ。ワンツーのあとワンタッチで振られたボールを受けたシャバララが一気に走り込みゴール右に決めた(図3-2)。

図3-2　カウンターNO❶　シャバララの得点

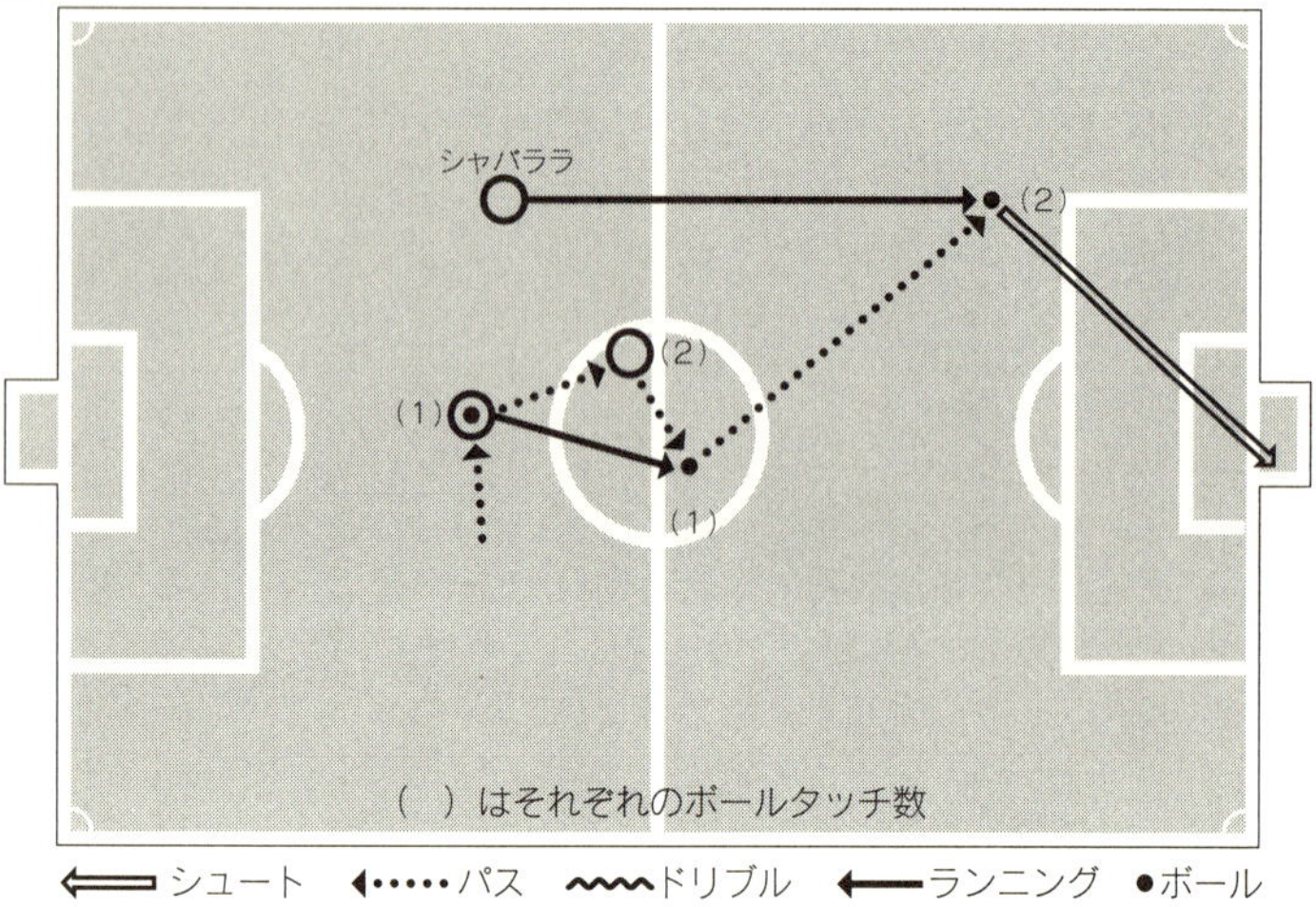

図3-3　カウンターNO❷　ドノバンの得点

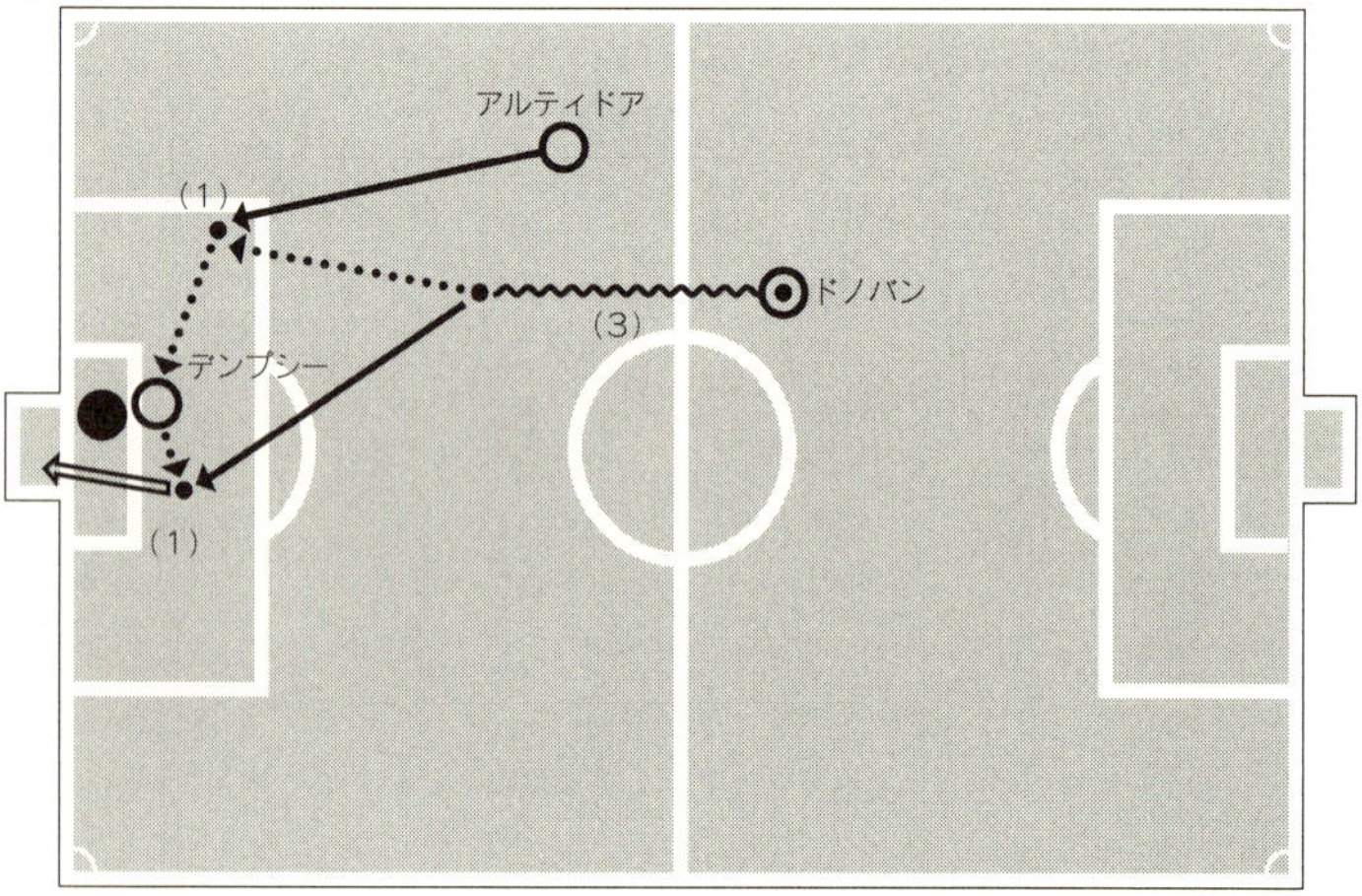

・プレーに関わった選手　3人
・ゴールまでのパス　3本
・ゴールまでのボールタッチ数　6回

❷アメリカ／ドノバンの得点（vsアルジェリア91分）

奪取したボールを受けたドノバンが速いドリブルで相手陣内に進出、右からフォローするアルティドアにボールを送る。アルティドアが中央に走り込むデンプシーに短いクロスを蹴り、デンプシーと相手DF、GKと交錯したプレーのこぼれ球を走り込んだドノバンが押し込んだ（図3－3）。

・プレーに関わった選手　3人
・ゴールまでのパス　2本
・ゴールまでのボールタッチ数　5回

❸オランダ／フンテラールの得点（vsカメルーン83分）

図3-4　カウンターNO❸　フンテラールの得点

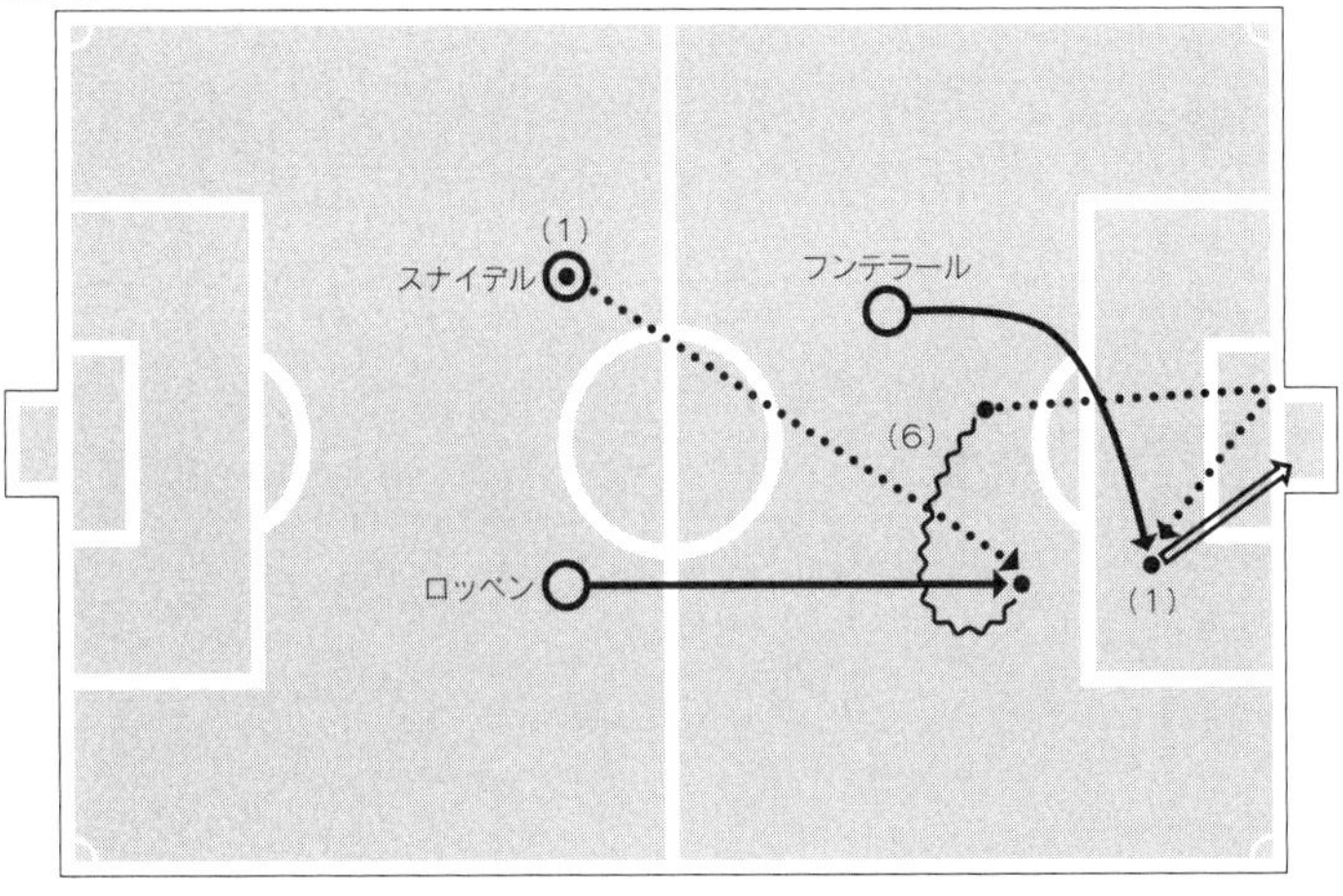

奪取したボールを受けたスナイデルがアウトサイドでカーブをかけたパスで前線のロッベンへ。外に空いたスペースに走り込んでボールを受けたロッベンは、右から中央にまわり込むようなドリブルでゴール前に戻りながら守るカメルーンＤＦをかわしてシュート、ポストに当たって跳ね返ったボールをフンテラールが蹴り込んで決める（図３－４）。

・プレーに関わった選手　３人
・ゴールまでのパス　１本
・ゴールまでのボールタッチ数　８回

(2) 決勝トーナメント

❹ガーナ／ギャンの得点（vsアメリカ93分）

アメリカのロングフィールドをガーナＤＦがヘディングでクリア。そのクリアボールを、アイェウがワンタッチで前線のギャ

図3-5　カウンターNO❹　ギャンの得点

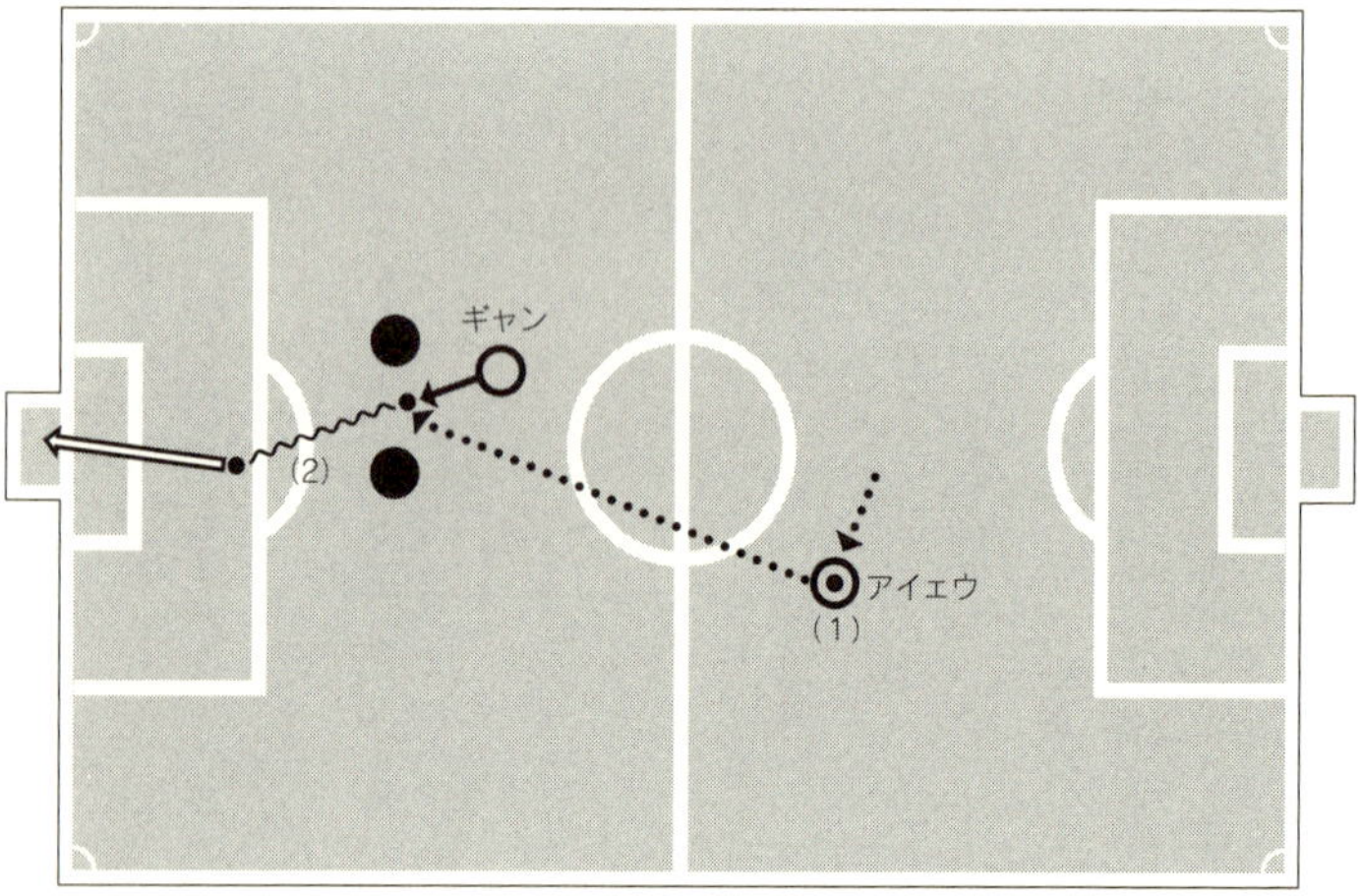

ンへ送る。空いたスペースに転がったボールを追ったギャンはアメリカのＤＦ２人に挟まれながら驚異的な身体能力で突破、左足で強烈なシュートを決める（図３－５）。

・プレーに関わった選手　２人
・ゴールまでのパス　１本
・ゴールまでのボールタッチ数　３回

❺ドイツ／ミュラーの得点（vsイングランド67分）

ドイツ陣内、ペナルティエリア右でイングランドのＦＫ。イングランドのキックがドイツ選手のつくる壁に当たってリバウンド。そのボールを拾ったもののコントロールに手間どるイングランド選手から奪取されたボールが、ＦＫの壁の一員であったミュラーに渡る。ミュラーはすばやくボールを左サイドを駆け上がるシュバインシュタ

図3-6　カウンターNO❺　ミュラーの得点

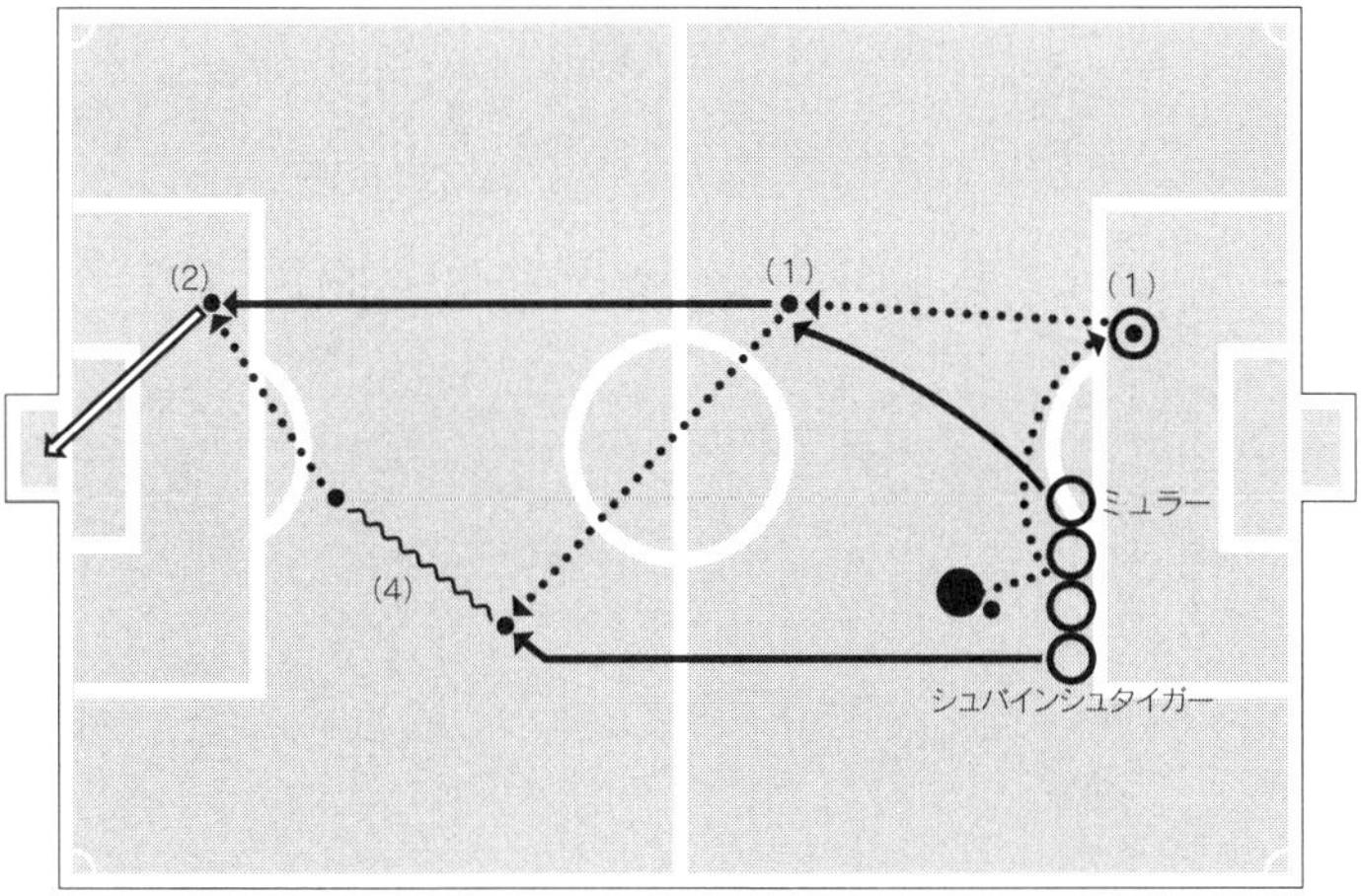

イガーに預け、自らも全力で前線へ。シュバインシュタイガーはドリブルで左サイドからピッチ中央に切れ込みながらタイミングを計り、イングランドDFを引きつけたところで約70mを疾駆したミュラーにパス。ミュラーがワンタッチコントロールのあと、ゴールに突き刺した（図3－6）。

・プレーに関わった選手　2人
・ゴールまでのパス　2本
・ゴールまでのボールタッチ数　8回

❻ドイツ／ミュラーの得点（vsイングランド70分）

ドイツ陣内、ペナルティエリア右角付近から中央を狙って蹴られたイングランドの中途半端なショートクロスをドイツがカット。ボールは、すばやく攻守を切り替えて左サイドを駆け上がるエジルへ。エジルは

図3-7　カウンターNO❻　ミュラーの得点

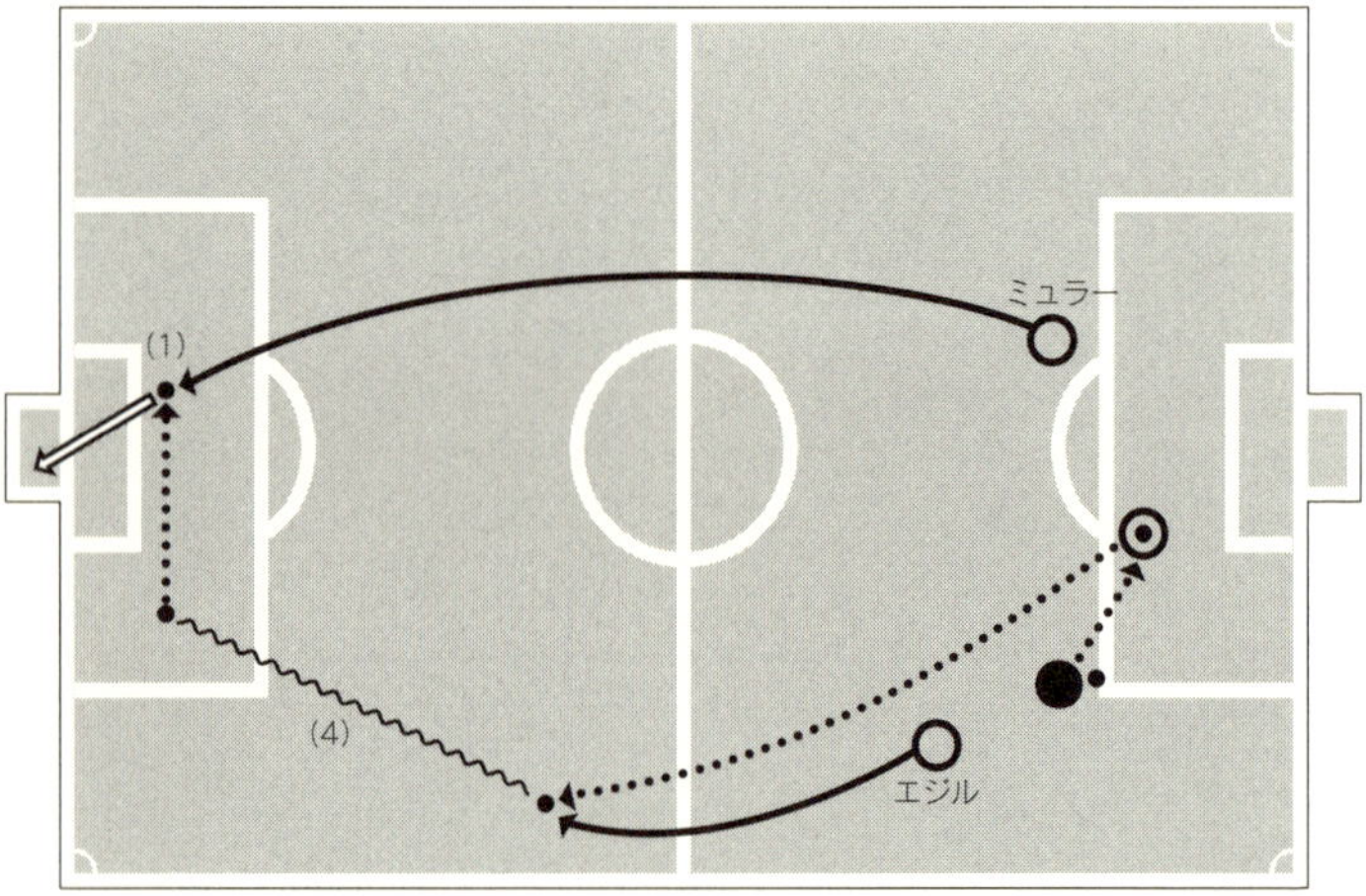

スピーディーなドリブルでイングランドMFを振りきり、ゴール前まで進出、タイミングを計って、約70mを疾駆してきたミュラーにパス、ミュラーがワンタッチで合わせて決めた（図3－7）。

・プレーに関わった選手　2人
・ゴールまでのパス　1本
・ゴールまでのボールタッチ数　5回

❼オランダ／ロッベンの得点（vsスロバキア18分）

オランダ陣内、スライディングタックルで奪取されたボールを拾ったスナイデルが、自陣から一気に駆け上がるロッベンの前方のスペースに向けてロングパス。スロバキア陣内中央付近で追いついたロッベンがドリブルで右から中央に切れ込み、ゴール右に決めた（図3－8）。

図3-8　カウンターNO❼　ロッベンの得点

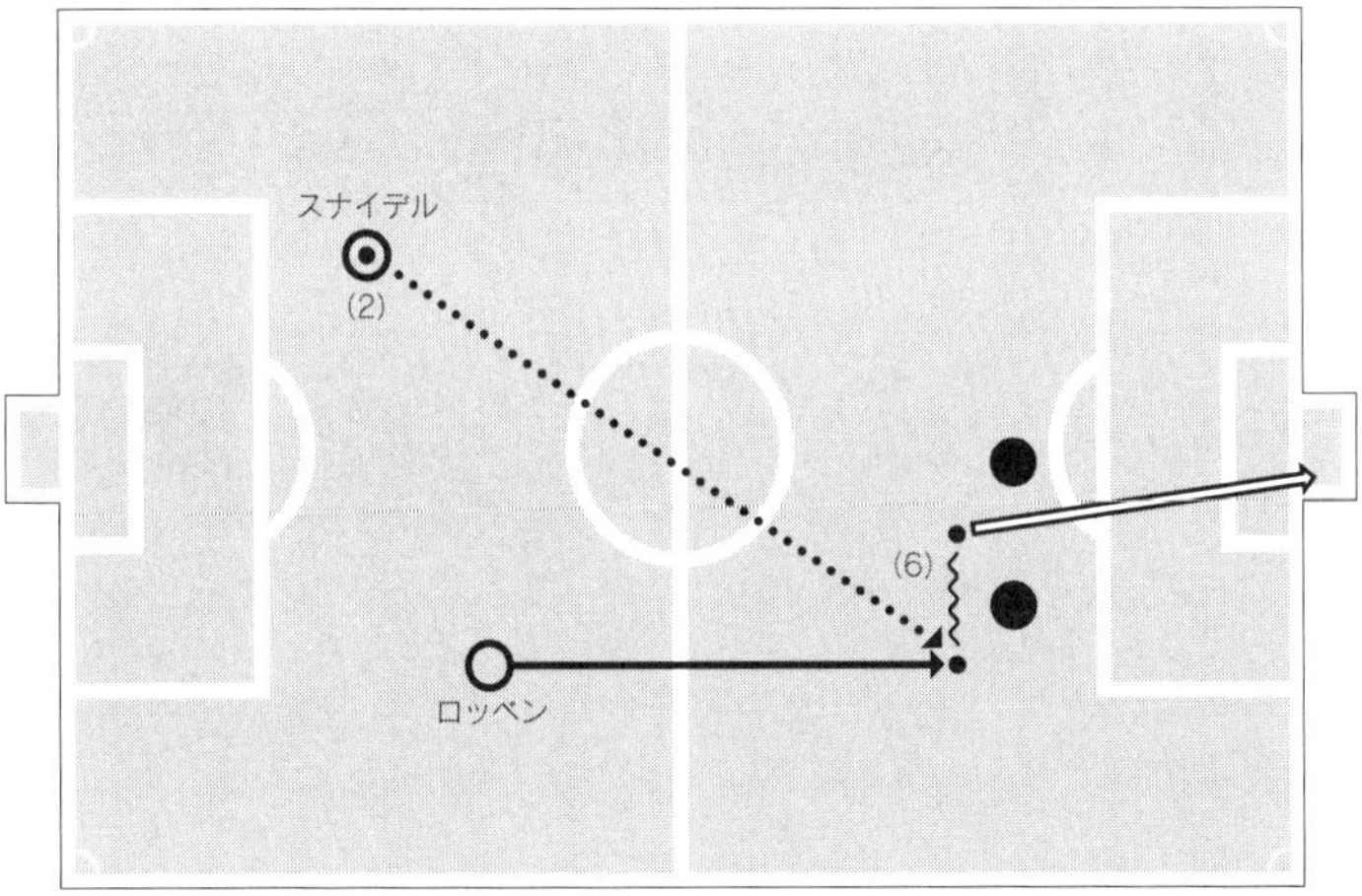

・プレーに関わった選手　２人
・ゴールまでのパス　１本
・ゴールまでのボールタッチ数　８回

❽ブラジル／ルイス・ファビアーノの得点（vsチリ38分）

奪取されたボールを左サイドで受けたロビーニョが、ドリブルで味方のフォローのタイミングを計る中、カカが中央を駆け上がる。ロビーニョからヨコパスを受けたカカが、前方で相手DFの間に侵入したルイス・ファビアーノにワンタッチでパス。ルイス・ファビアーノが巧みなターンで前を向き、飛び出してきたGKをワンタッチコントロールでかわして決めた（図３－９）。

・プレーに関わった選手　３人
・ゴールまでのパス　２本
・ゴールまでのボールタッチ数　９回

図3-9　カウンターNO❽　ルイス・ファビアーノの得点

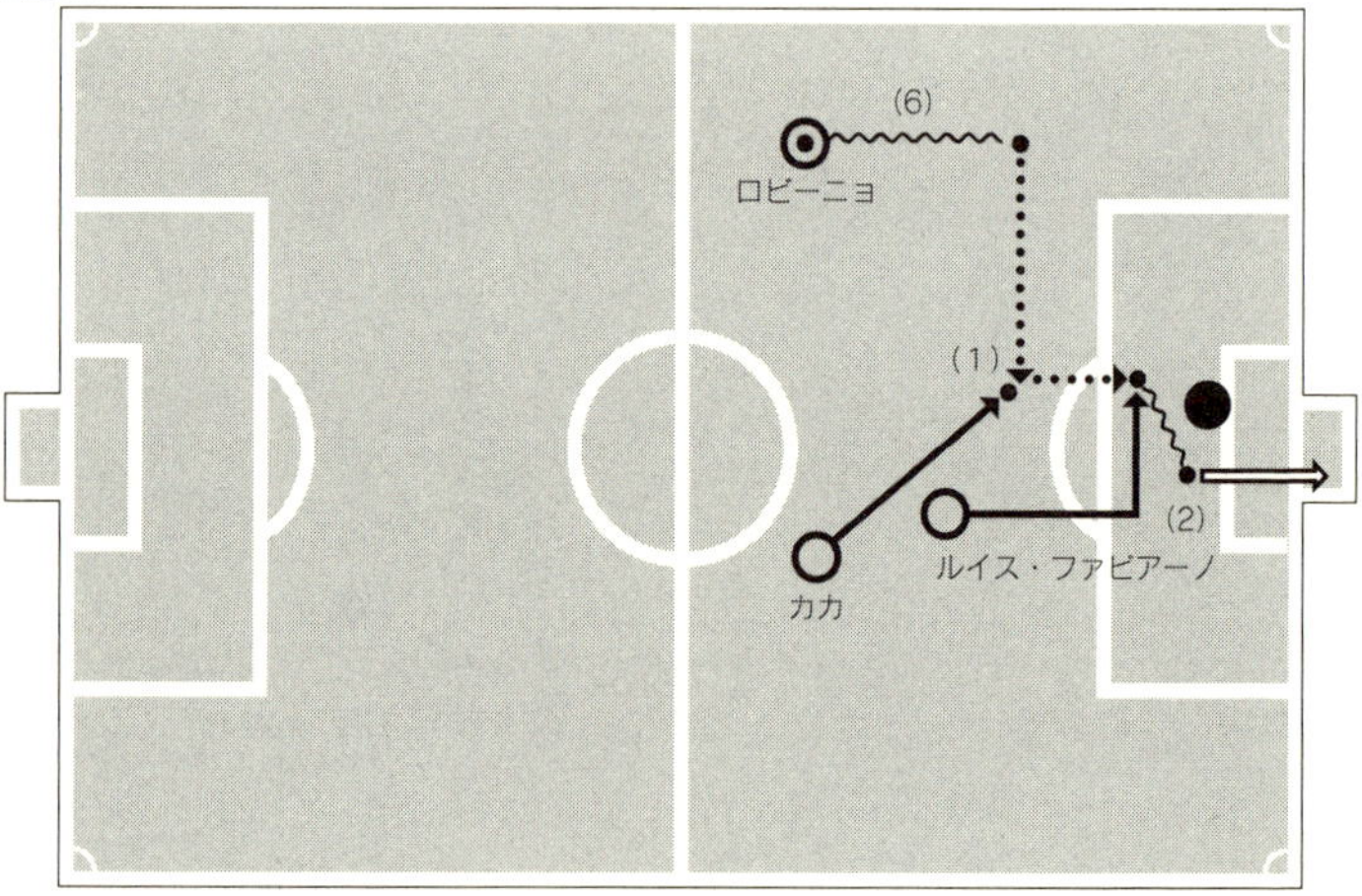

❾ドイツ／クローゼの得点（vsアルゼンチン89分）

自陣内のコンパクトな守備でアルゼンチンのパスミスを拾ったエジルが、すばやい攻守の切り替えで左サイドを駆け上がるポドルスキにパス。ポドルスキがドリブルする間にエジルはポドルスキの外側を疾駆して追い越し、アルゼンチン陣ペナルティエリア角付近でポドルスキからのボールを受け、ワンタッチで中央にクロス。自陣から駆け上がったクローゼが右足インサイドで合わせて決めた（図3－10）。

- プレーに関わった選手　3人
- ゴールまでのパス　3本
- ゴールまでのボールタッチ数　10回

❿ウルグアイ／カバーニの得点（vsドイツ28分）

図3-10　カウンターNO❾　クローゼの得点

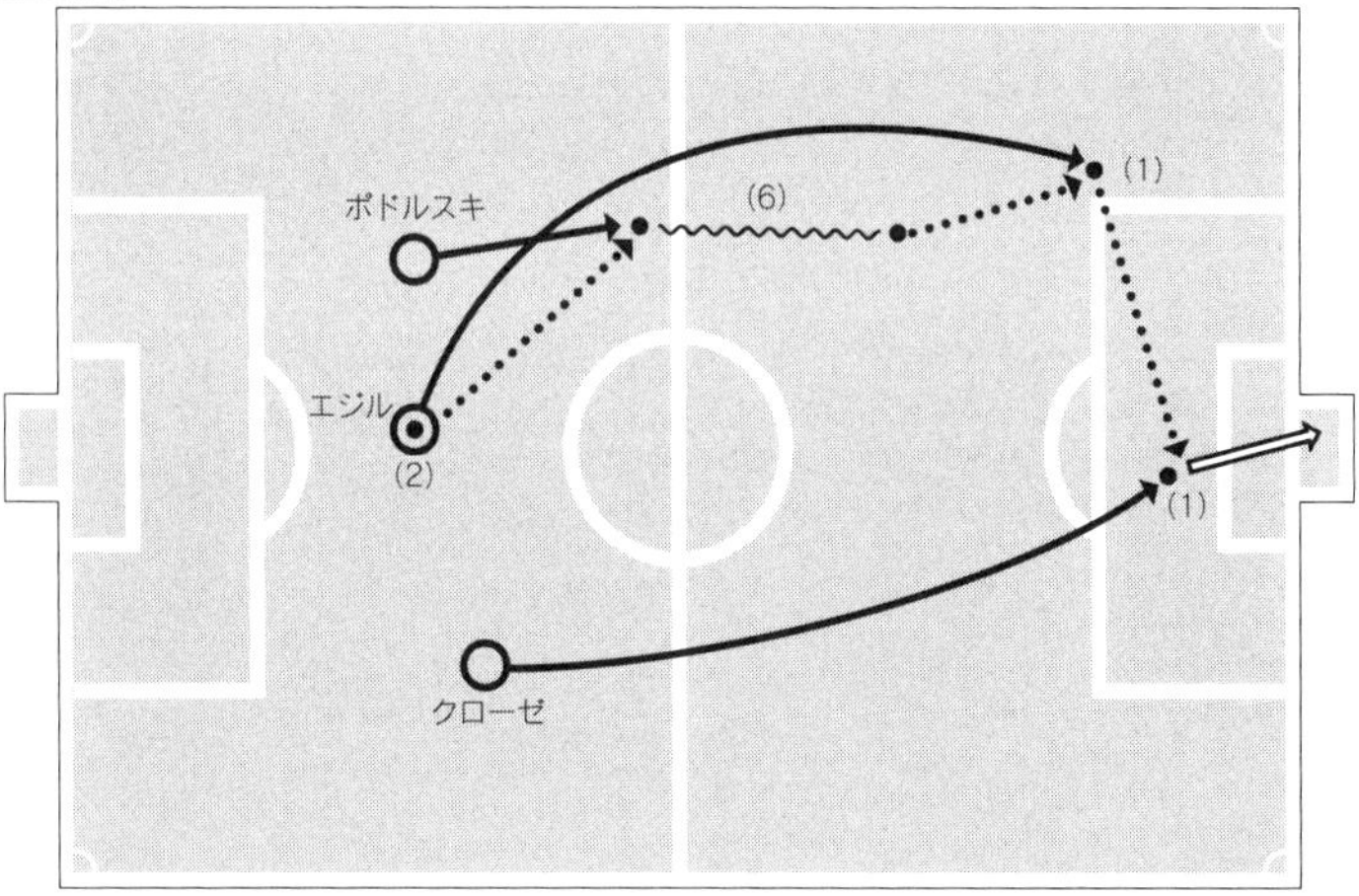

センターサークル付近。ドイツ・シュバインシュタイガーに対する厳しい守備で奪ったボールを受けたスアレスがドリブルで進む間に、フォルランが左から右に流れるプレーでDFを引きつけ、左にスペースを空ける。そのフォルランの空けたスペースに走り込んできたカバーニにスアレスがパス、カバーニがワンタッチコントロールで決めた（図3－11）。

・プレーに関わった選手　3人
・ゴールまでのパス　1本
・ゴールまでのボールタッチ数　6回

以上、南アフリカW杯で挙げられたカウンターによる得点の実際を紹介しましたが、これらのプレーを集計すると、一つのカウンターアタックに関わった選手数、ゴールまでのパスの本

図3-11　カウンターNO⑩　カバーニの得点

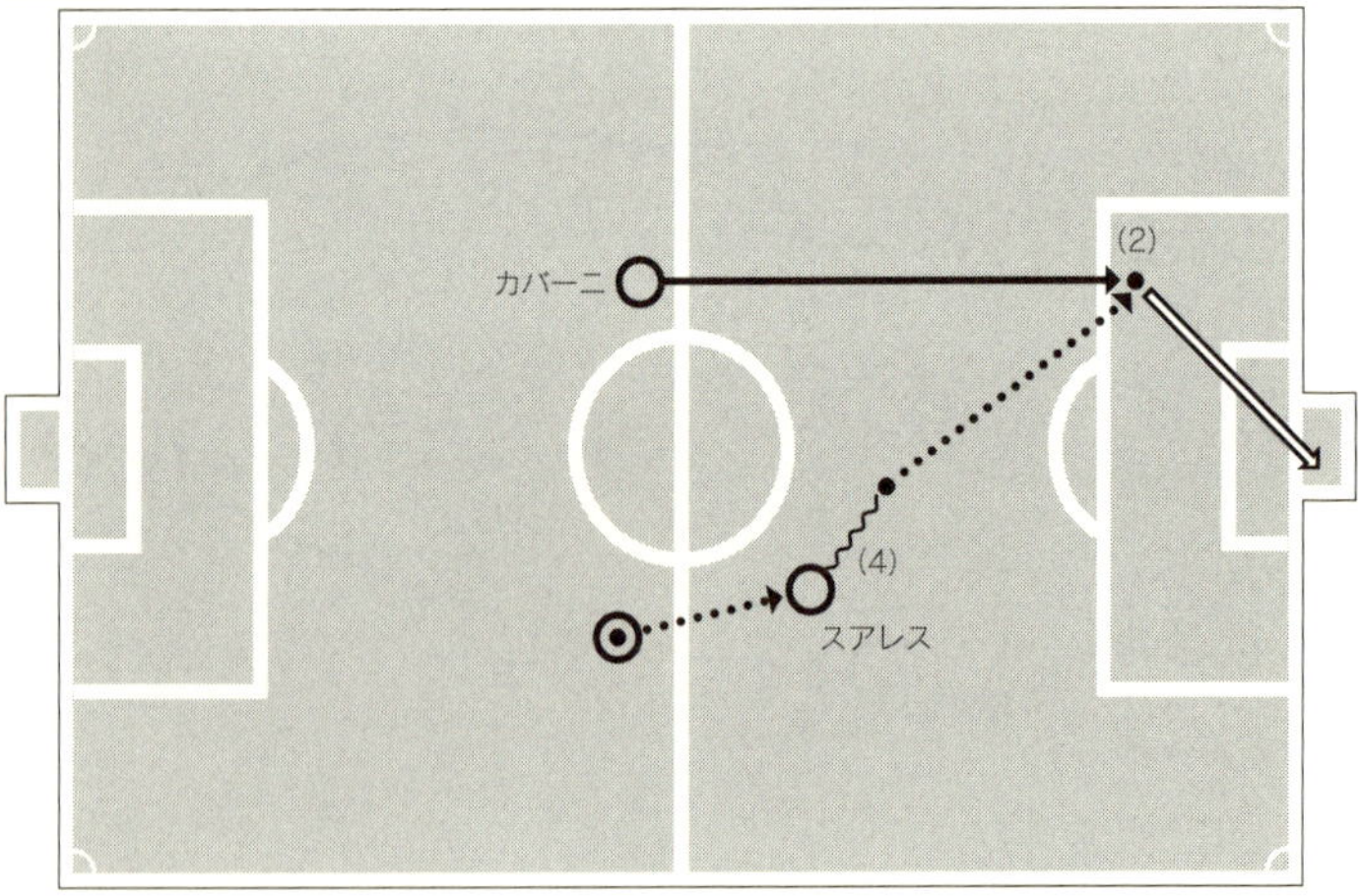

数、ゴールまでのボールタッチ数の平均は以下のようになります。

・プレーに関わった選手　2・6人
・ゴールまでのパス　1・7本
・ゴールまでのボールタッチ数　6・8回

W杯のカウンターアタックでは、ボールを奪ったあとに、2～3人の選手で1～2本のパスのみでシュートまで攻めきっているということがわかります。ここで、プレーに関わる選手の平均が2・6人、ゴールまでのパス本数の平均が1・7本という部分はすぐに納得できますが、ゴールに至るまでのボールタッチ数が平均6・8回という結果からは、意外にタッチ数が多いという印象を受けます。これは、これらのカウンターアタックの中で、ドリブルが決定的な働きをしていたプレーも少なくないからと考えられます。

ドリブルがゴールシーンに効果的に関係する場合、直接ドリブルが突破を生む場合と、ドリブルによるタイミングの「タメ」が次のプレーを助ける場合の二つが考えられます。南アフリカで披露された10のカウンターアタックをこの分類で仕分けすると、以下のようになります。

［A］ドリブルそのものがシュートの場面で決定的な役割を果たしている
・❸フンテラール（オランダ）の得点

・❼ロッベン（オランダ）の得点

［B］ドリブルがタイミングの「タメ」をつくりシューターの動きを助けている

・❷ドノバン（アメリカ）の得点

・❺ミュラー（ドイツ）の得点

・❻ミュラー（ドイツ）の得点

・❽ルイス・ファビアーノ（ブラジル）の得点

・❾クローゼ（ドイツ）の得点

・❿カバーニ（ウルグアイ）の得点

このように見ていくと、Bに分類されるプレーが全10プレー中6プレーあり、ただ単に少ないタッチ数、少ないパスで攻めるだけではなく、スピーディーなパスワークの中で、ときにはドリブルが味方との連携を活かすタイミングを計るための重要な働きをしていることがわかります。カウンターであっても、タイミングという要素を巧みに使い分ける判断力が大切なのです。言い換えると、スピーディーが絶対条件のカウンターアタックにおいても、必要に応じて要所に緩急の変化が取り入れられているわけです。

3

ケーススタディー（09〜10欧州CL決勝インテルvsバイエルン）

「後の先」を追究する武道でもカウンターパンチを狙うボクシングでも、堅固な守りがあってこその攻撃、という部分が強調されていました。また、バスケットボール、ハンドボール、バレーボールでは、すばやいカウンターを駆使する前提として、相手の攻撃を意図した形に追い込んでいく組織だった守備が求められていました。切れ味鋭いカウンターと守備力は密接な関係にあるようです。サッカーでも、カウンターを駆使するために組織が連動する堅固な守備が求められることは同じです。

さて、堅固な守備からのカウンターという概念が最も似合う国としてイタリアを挙げるサッカーファンは少なくないと思います。カテナチオ（カギをかける）と称される統制のとれた分厚い守備で失点を許さず、相手が焦って攻めてくる間隙を縫って鋭いカウンターを少人数の選手で仕掛け、得点をもぎ取っていく。イタリアでは、そうした試合運びで勝利することを美学とする価値観があるようです。そこでここでは、そのイタリアサッカー伝統のプレーの秘密を探ってみたいと思います。採り上げるのはカテナチオの国イタリアを代表するチーム、インテルミラノです。２００９〜２０１０シーズンの欧州チャンピオンズリーグ決勝vsバイエルン・ミュンヘン（ドイツ）の試合におけるプレーを分析します。分析に活用されたのはレアル・マドリード（スペイン）、アーセナル（イングランド）など一流プロチームで多数、採用されているゲーム分析ソフト「プロゾーン」です。龍谷大学・長谷川裕教授の分析データをもとに見ていきます。

●守備組織の調和レベルが明暗を分ける

試合は35分、70分にいずれもミリートが得点を挙げ、2―0でインテルが勝利しました。1点目はゴールキーパーからキックされたボールを相手陣内でミリートがスナイデルの前に落とし、スナイデルが前方に走り込むミリートにリターン、ミリートがゴール左に決めています。この先制点は、相手守備が整わない中でのすばやい攻撃という点ではカウンターアタックの要素も含まれますが、攻守の切り替えの速さの中で生まれた得点ではないので、ここではカウンターアタックには分類しないことにします。

長谷川教授は2点目に注目しました。インテルのスナイデルが中盤でバイエルンの攻撃をカットしたボールをエトーが拾い、そのボールをすばやく前線のミリートに送り、ミリートがスピードに乗ったドリブルでバイエルンのディフェンダー（DF）をかわしてシュートを決めた得点です。相手の攻撃を食い止めてからの、少数の選手によるすばやいトランジション（攻守の交代）による攻撃、相手守備が整わない中でのシュートという点で、まさにカウンターアタックの要素が凝縮されている得点です。

図3－12はその2点目が生まれる直前のプレーで、インテルがバイエルンからボールを奪った瞬間を示したものです。線で結んで示されているのは、それぞれのチームのDFどうしの距離です。インテルの4人のDFは互いにバランスのとれた距離を保ち、ラインが整然と整っていることがわかります。

いっぽうバイエルンは4人のDFの間隔が広がってしまい、前方に進出している2人と後方にとどまっている2人とのバランスが悪く、センターサークルの周辺に限定して見るなら、インテルに3対2の状況をつくられていることがわかります。まさにインテルがカウンターを仕掛けやすい状況をつくってしまっています。

視点を変えると、インテルの選手がボール奪取を仕掛けカウンターのきっかけをつくっ

図3-12　インテルのボール奪取時のポジショニング（得点の直前）

図中の数字は各ディフェンダー間の距離

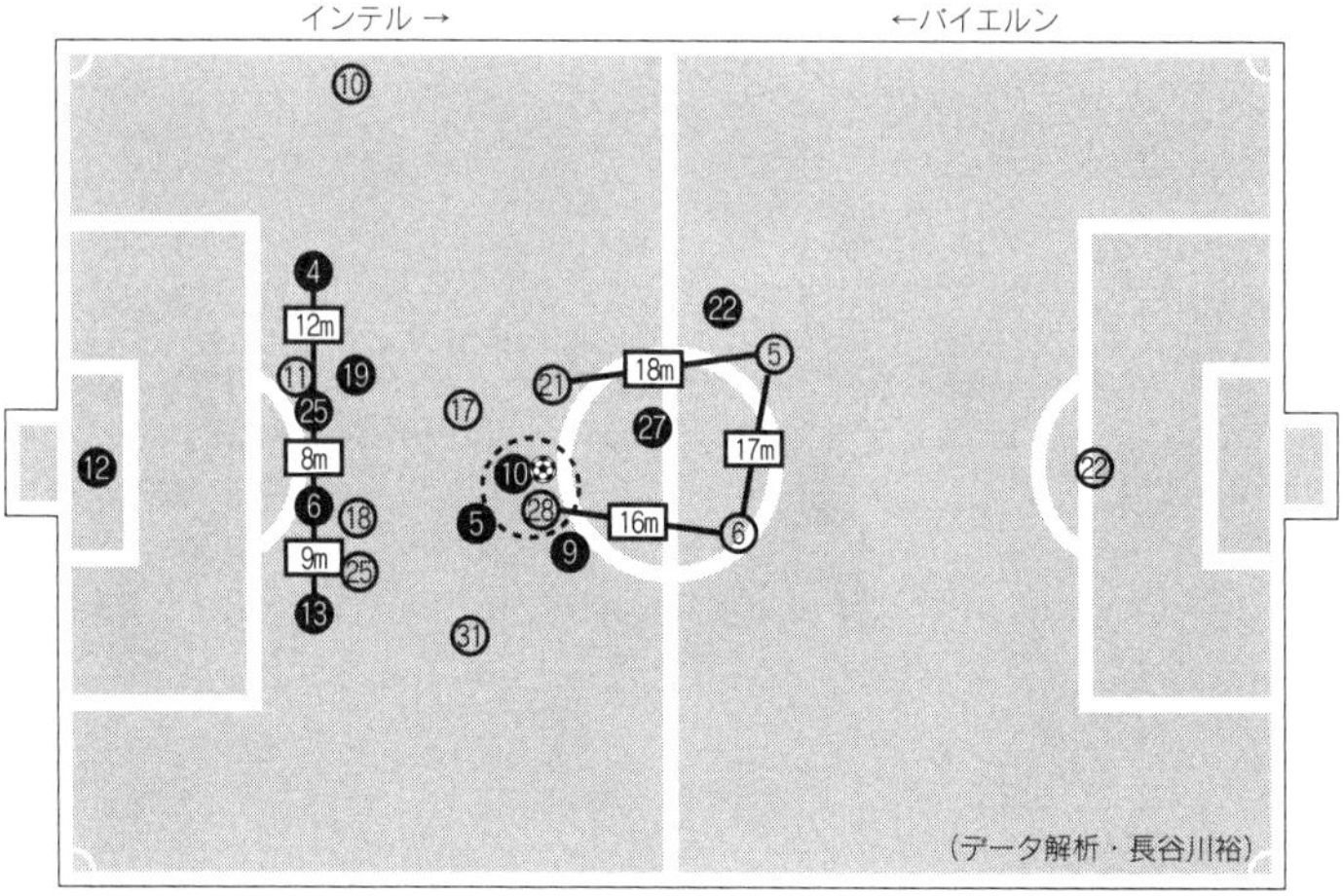

ている場面とは、味方DFが安定した守備陣形を整え、チームとして積極的にボールを奪いに出る態勢が整っているいっぽう、相手守備網がバランスを乱している状況ということもできます。

図3－13はその2点目のシュートが決まった場面です。この場面で、インテルの選手で相手ペナルティエリア内まで進出しているのはミリート（㉒）とエトー（❾）の二人だけです。いっぽう、バイエルンの選手はペナルティエリア内まで4人の選手が帰陣しているものの、本来のDF4人（㉑、❺、❻、㉘）のうち、バドステューバー（㉘）は完全にとり残されています。

図3－14は、この2点目のシーンに関係する「シェイプ」です。シェイプとは、プロゾーンの分析項目の一つで、一定の時間帯ごと

図3-13　インテル得点時のポジショニング

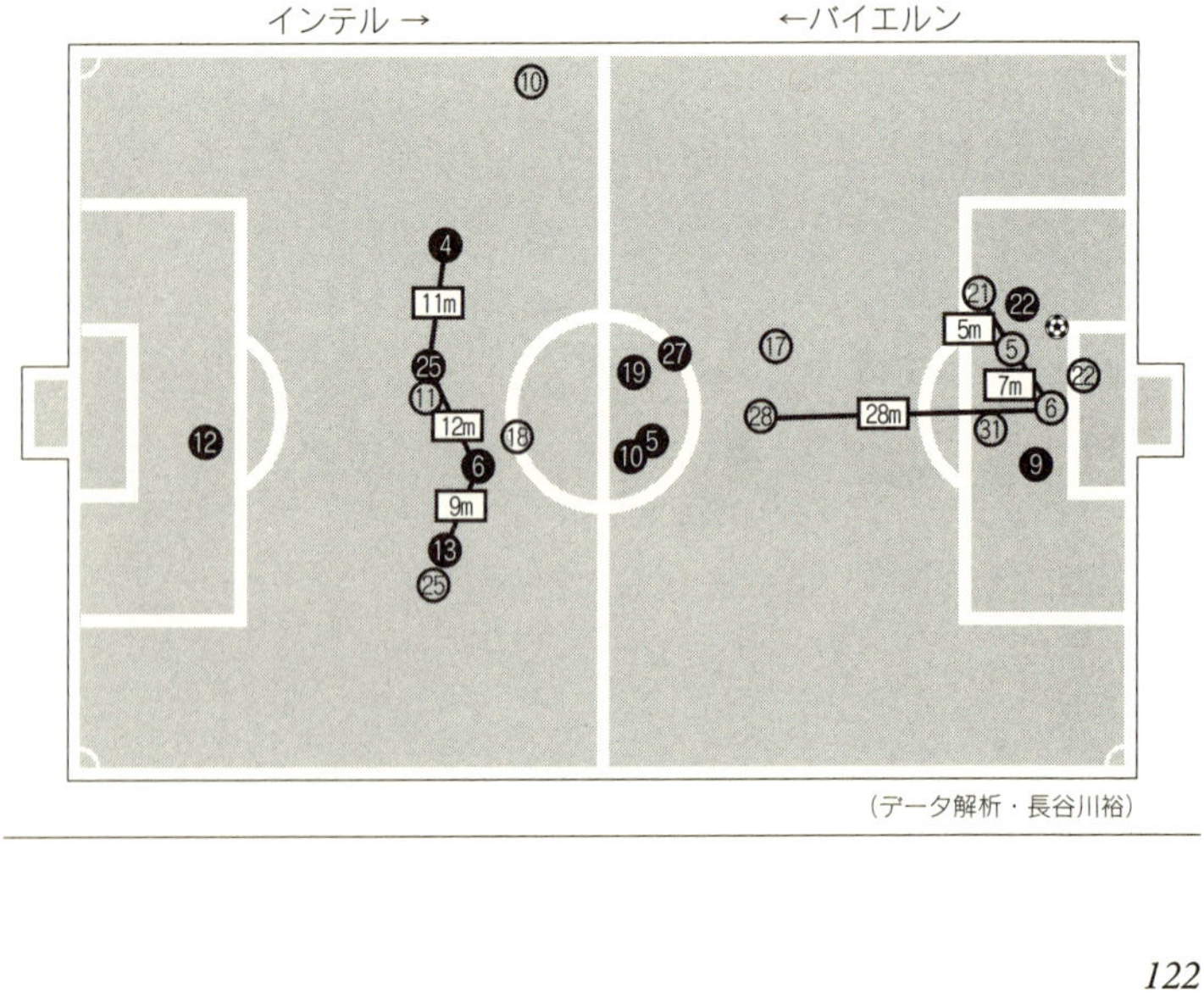

（データ解析・長谷川裕）

の選手のポジショニングの平均位置を示すものです。あるとき、ある場面の前後で、選手がどのような位置どりをしていたかの平均値が示されます。ここに示されているのは、インテルの2点目が記録される前1分間の各選手のポジショニングの平均です。

バイエルン（図・上）のDF4人（㉑、❺、❻、㉘）のポジショニングが前後に大きく乱れているのに対し、インテル（図・下）のDF4人（⓭、❻、❹、㉕）のポジショニングは、比較的ラインが整っていることがわかります。

図3-14　インテル2点目のシェイプ

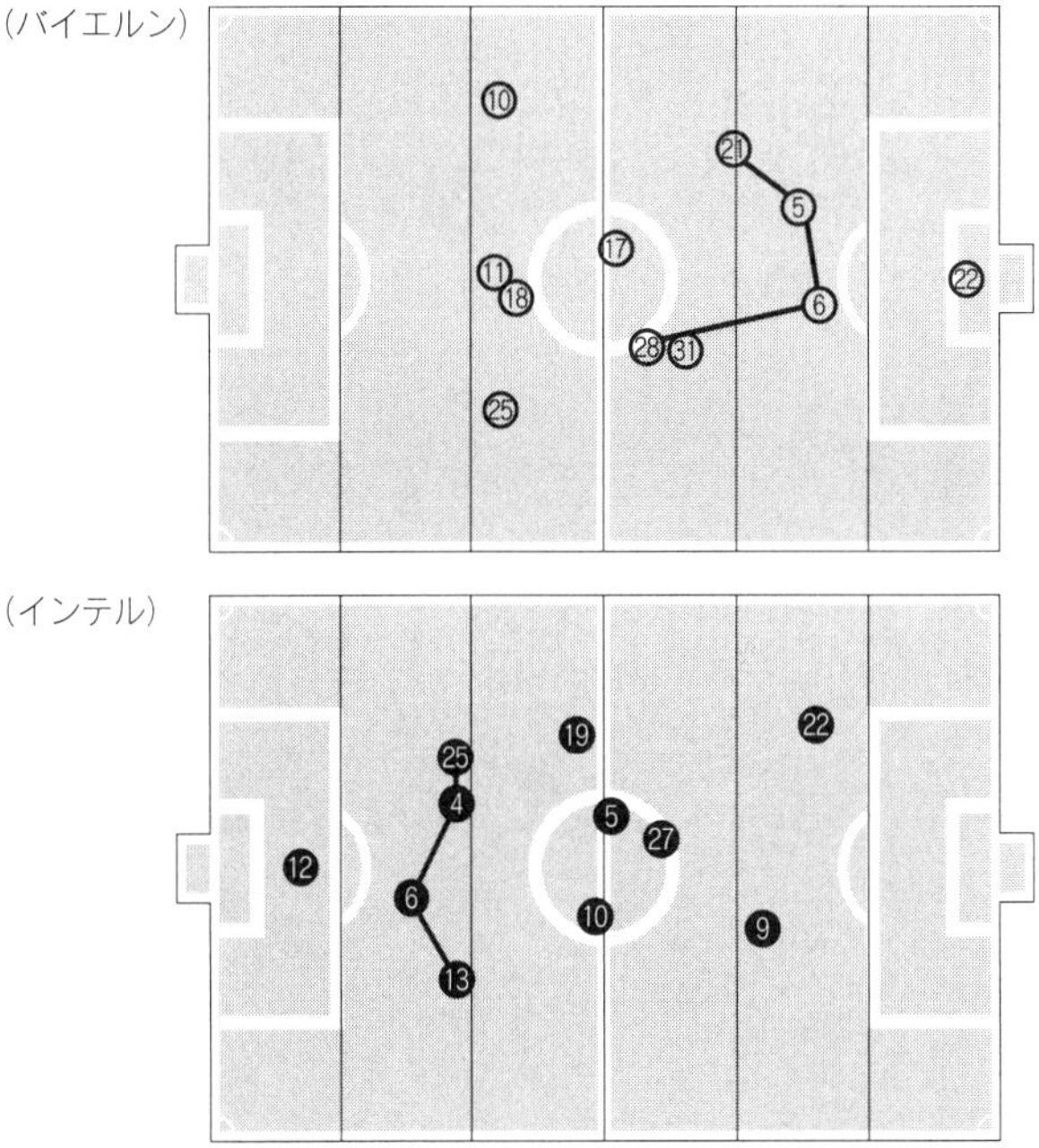

（データ解析・長谷川裕）

同時に、バイエルンのアタッカーが、6分割された画面の最前線の2コマに進出できていないのに対し、インテルのアタッカーは2人とも最前線の2コマに進出できています。バランスの乱れた守備と前に進めていない攻撃のバイエルンに対し、整った守備のもとアタッカーが前線に進出できているインテルという対比がよくわかります。

次に、得点には至らなかったものの、2点目と非常に似た状況でインテルが見事なカウンターアタックを仕掛け、あわや得点という際どいシュートまで持っていった場面を見てみましょう。図3－15は、そのカウンターのきっかけとなったインテルのボール奪取の瞬間の、両チームの選手のポジショニングを示しています。

インテルのアタッカーはミリート（㉒）一

図3-15　インテルのボール奪取時のポジショニング

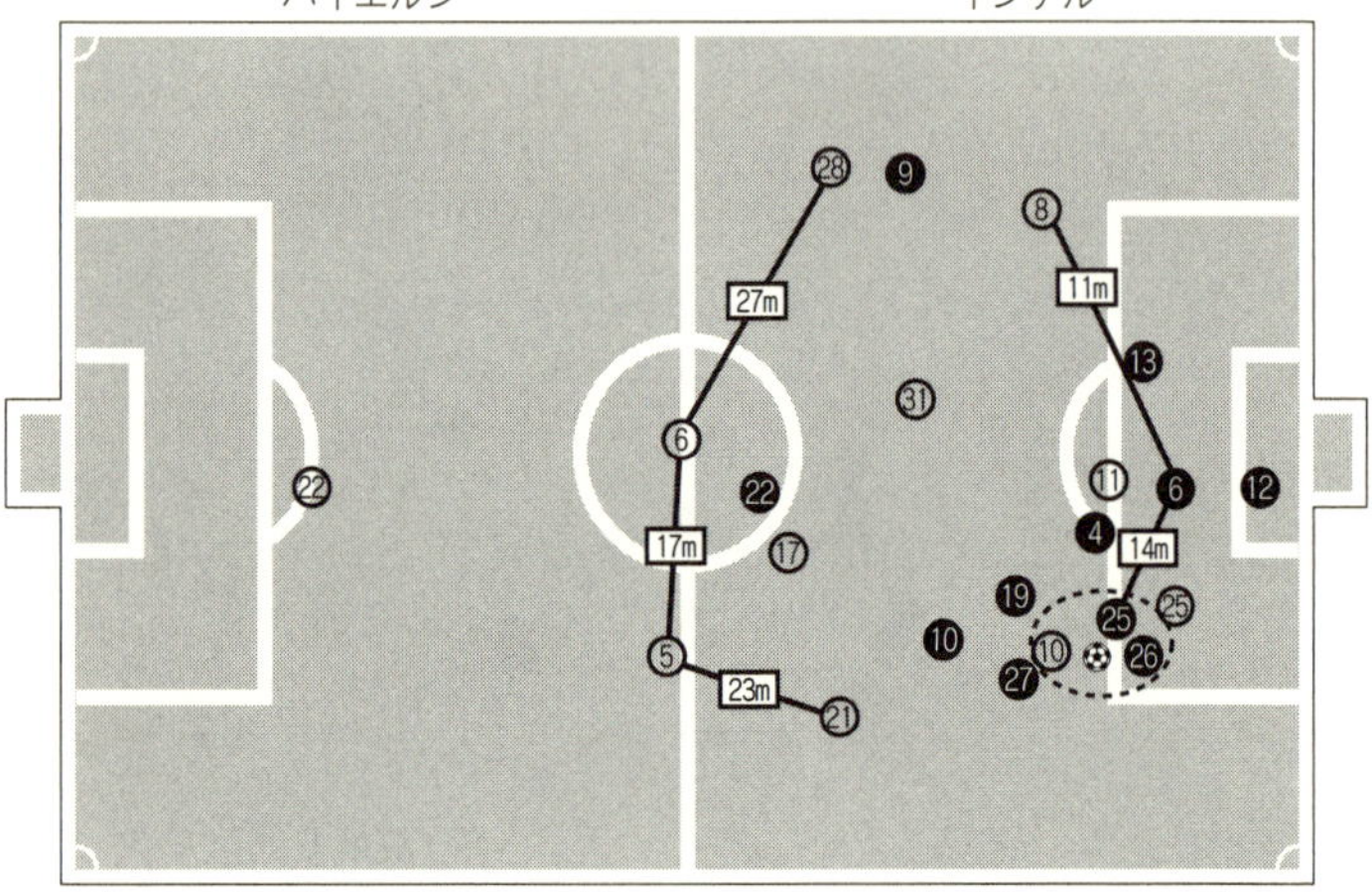

（データ解析・長谷川裕）

人が前線に残り、それをバイエルンのセンターバック、ヴァンブイテン（❺）とデミチェリス（❻）が監視する形になっています。通常、このような状況では、バイエルンの両サイドバック、ラーム（㉑）とバドステューバー（㉘）は、相手にサイドを攻撃される可能性が少ないものとして、自ら攻撃的な高い位置を保ちます。しかし、一般に両サイドバックが揃って高い位置をとることは避けられ、相手のカウンターをケアするためにどちらか一方のサイドバックがやや引き気味の位置に構えるべきとされます。

しかしここでは、バイエルンの両サイドバックがともに高い位置に進出しています。それは、インテルの選手の多くが自陣深く引いているということと、仮にカウンターを受けた場合でも、キーマンとして動くと予想されるエトー（❾）とスナイデル（❿）に対して、それぞれのサイドバックが十分に監視できる位置にポジションをとっていると考えたからでしょう。しかし、そこに落とし穴があったようです。

インテルは、まさに巧みなカウンターアタックを駆使して、バイエルンのサイドバックが空けたスペースを攻略しました。図3－16は、図3－15の場面から始まったカウンターアタックがシュートにまで至った場面です。高い位置を保っていたバイエルンのサイドバック2人（㉑、㉘）が効果的な守備ができる位置に十分に戻りきれていない状況でインテル、スナイデル（❿）にシュートを許しています。最前線に進出しているインテルの選手は、スナイデルと、スナイデルにラストパスを送ったミリートのわずか二人です。

インテルの守備に目を移すと、4人のDFがバランスのとれたラインを形成し、さらに守備的なミッドフィルダー（MF）も絡めて、前線に残るバイエルンのアタッカー3人を十分に監視できていることがわかります。仮にインテルのカウンターアタックが失敗し、そこからすぐに「カウンター返し」と呼ばれる反撃を受けたとしても、それを迎え撃つに十分な態勢が整えられています。

図3－17はそのシュート場面の1分前のシェイプです。インテル（図下）のフォーメーションのバランスが見事に保たれ、あたかも4－4－2のフォーメーションをわかりやすく図示したかのようなポジショニングが実践されていることがわかります。いっぽうバイエルン（図上）は、4－3－3のフォーメーションを効果的に駆使するために両サイドバ

図3-16　インテルのシュート時のポジショニング

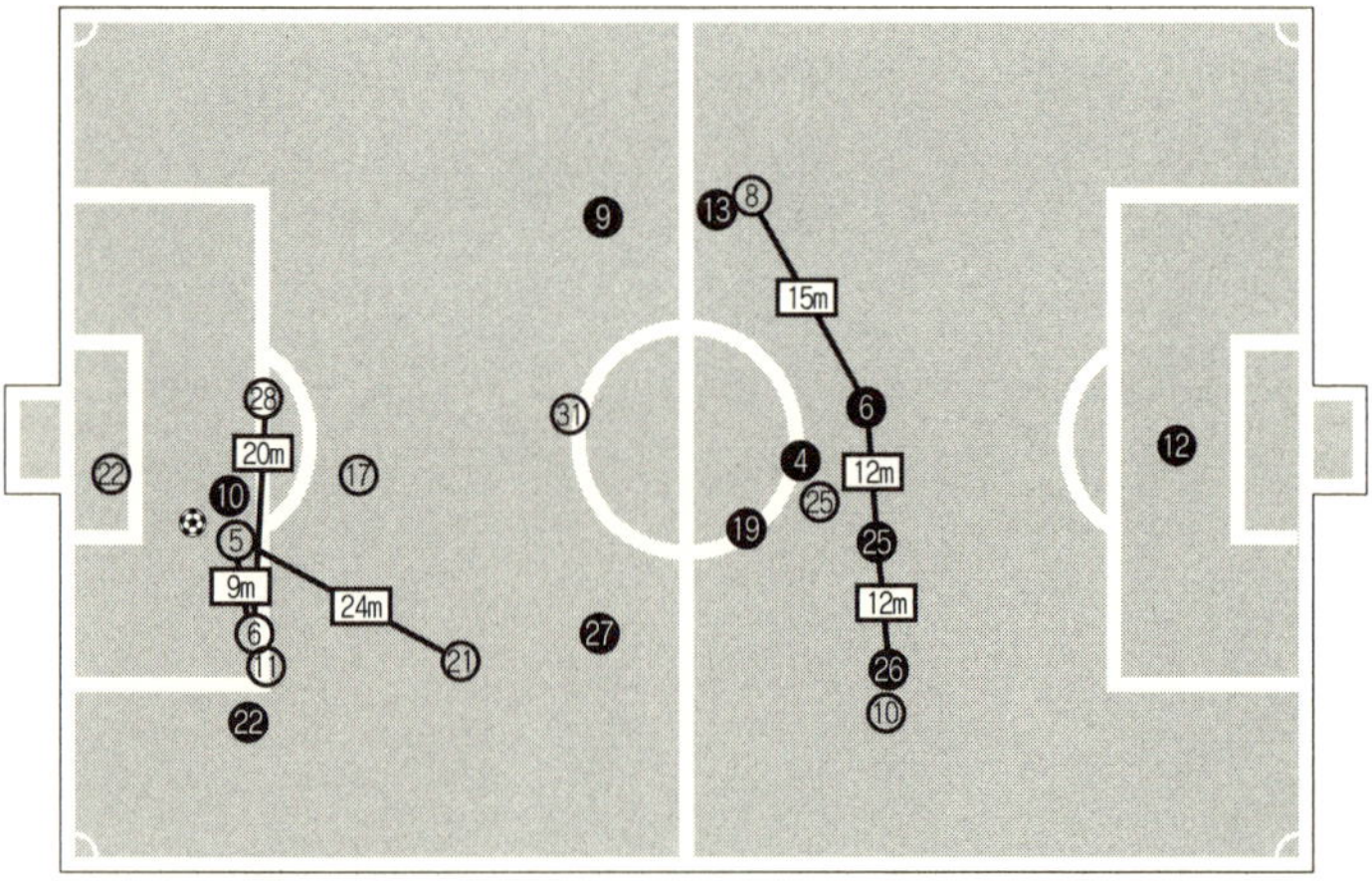

（データ解析・長谷川裕）

ックが中盤の3人をサポートしているのですが、失点の時間帯では両サイドとも揃って高い位置をとり、最終ラインが2人の状態になっていたことがわかります。

このプレーは前半終了間際の展開でしたが、そのまま後半のインテルの2点目の伏線となっていたと考えてもいいでしょう。

●伝統のイタリアンカウンターvs4−3−3の理論

この試合は、伝統のイタリアのサッカー哲学と近代サッカーの理論のぶつかり合いを

図3-17　インテルのシュート場面のシェイプ

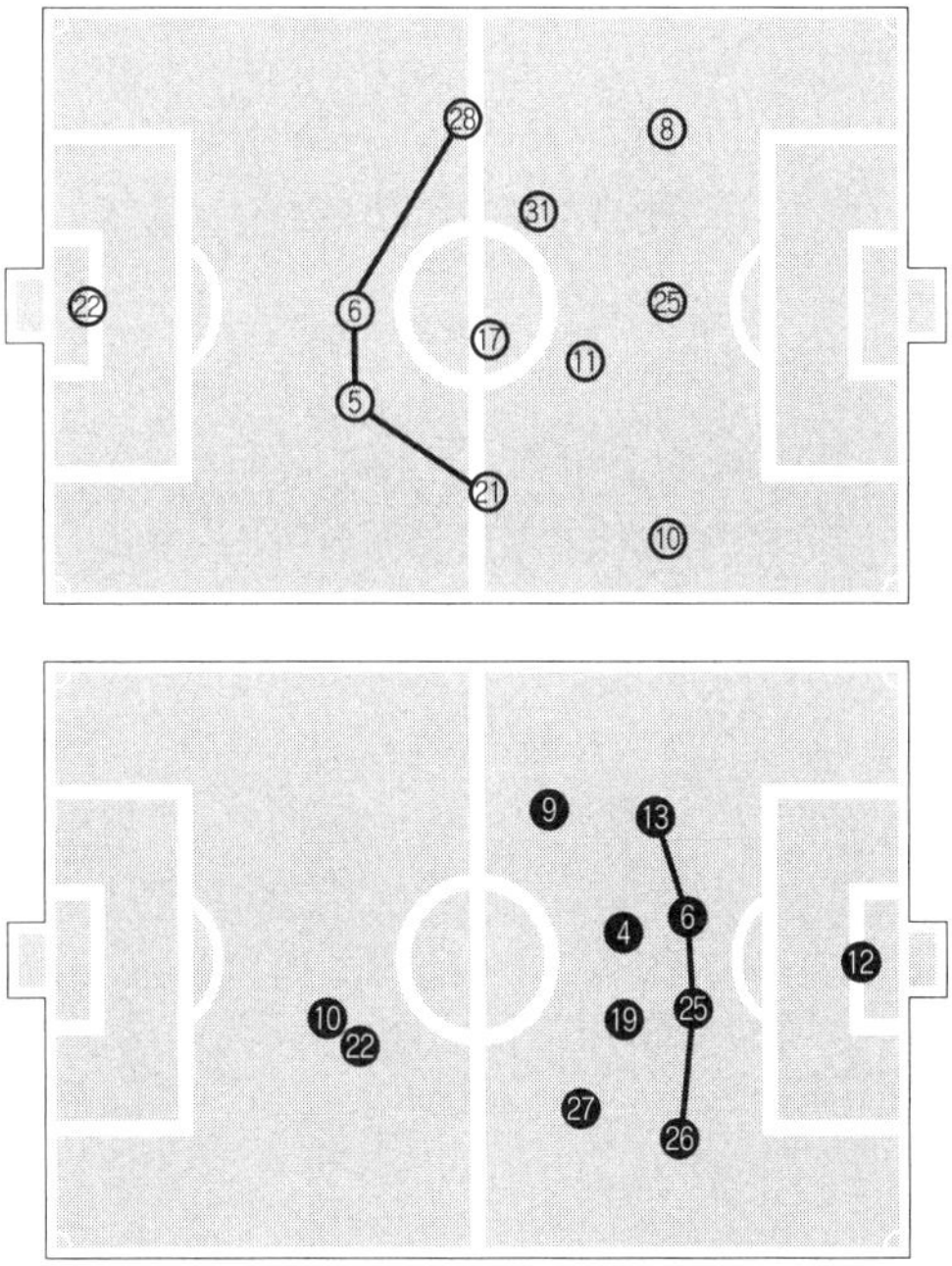

（データ解析・長谷川裕）

示す象徴的な試合と見ることもできます。

冒頭で紹介したように、イタリアのサッカーは「カテナチオ」と称される堅固な守備を持ち味としています。固い守備で相手の攻撃を跳ね返し、攻撃に移るときは少人数ですばやく最短距離を直線的に進んで得点を狙います。イタリアの持ち味はカウンターアタックであり図3－17で示されたインテルのシェイプには、まさにこのイタリアサッカーの真髄が示されています。

いっぽう、対するバイエルンを率いたファン・ハール監督は、近代サッカーの理論を先頭に立って推進する人物の一人です。自らの選手経験は一流ではありませんが、戦術理論の構築にかけては人後に落ちない知将で、その緻密な戦術、戦略でこれまで数々の実績を残してきました。

この試合で採用されたファン・ハール監督の戦術では、4－3－3のフォーメーションで攻撃的なサッカーを展開することが狙われたと推測できます。最前線に3人のアタッカーを配し、両サイドからの攻略を絡めた多彩な攻撃を仕掛けていくのです。しかし、最前線に3人を配置すると、中盤に残された3人のMFでは、通常4人あるいは5人が配置される相手のMFに十分対抗できません。そこで、後ろに構える4人のDFのうち、両サイドバックの2人が交互に、あるいは場合によっては2人揃って中盤に進出しMFをサポートすることで、中盤の数的不利を補おうとしたのです。

もちろん、このようにサイドバックを攻撃的な位置に上げることで、守備には不安を残すことになります。そこで、バイエルンのサイドバックの2人には、積極的に上がりつつも、本来マークすべき相手の位置を十分に確認し、自分が空けたスペースに走り込まれることがないよう注意しつつプレーすることが求められていたはずです。

前掲の図3-15には、こうしたファン・ハール監督の指示が徹底されていることが表れています。最前線に残る選手に対しては2人のセンターバックと1人の守備的MFが残って万全の守備を行い、両サイドバックは高い位置をとりつつも、相手のアタッカーを追い越すまでの位置はとらず、反撃にも対処できるポジションをキープしています。バイエルンの選手は4-3-3のフォーメーションを遂行するための十分な体制がとれているはずなのです。

この場面であえて一つだけバイエルン側の不備を指摘するならば、右サイドバックのラーム（㉑）の位置が高すぎることです。ラームは、当面マークすべきインテルのスナイデル（⑩）にボールが渡った場合、本来ならスナイデルを右前方に見るような位置に立ち、仮にスナイデルがボールを受けても、彼をピッチ外側のスペースに向かって追い込んでいくための準備をしておくことが必要です。

しかしこの場面では、バイエルン側がボールを保持していて、右サイドからの攻撃に対してラームは攻撃的な意図を持ってサポートしていました。そのため、あえてスナイデルをピッチ内側に見ながらの位置どりをする、という瞬間が生まれてしまったのです。理論上、リスクを管理した態勢を整える中で、攻撃のためにサイドバックがわずかにギャンブルしたポジションに進出した場面、としていいでしょう。言い換えると、インテルはその一瞬の乱れを見逃さなかったのです。

インテルのカウンターアタックは、ラームが空けたわずかなスペースを活用して一気に進められました。図3－16に示されているように、スナイデル（⑩）はラームをはるか後方に置き去りにし、ペナルティエリア内まで進出しています。

ファン・ハール監督の理論構築に間違いはなかったはずです。選手たちは4－3－3のフォーメーションで意図することを十分に咀嚼し、それに応じた動きを忠実に遂行したはずです。しかしその中で、リスクを背負ったプレーの中に一瞬の隙が出たのです。これは4－3－3に限らず、どのフォーメーションを採用しても同じことで、能動的に得点を奪いに出るときには必ず一定のポジションを崩さざるを得ないリスクを背負うのです。そこをインテルは見逃しませんでした。

いっぽうインテルは、ここで採り上げたすべての場面でディフェンスの4人が統制のとれたラインを形成し、守備的MFもあまり前方に飛び出さず、守備に関してはとてもバランスがとれていることがわかります。そのいっぽうで、攻撃では少数で一気に攻めるという戦法を駆使しています。

バイエルンのファン・ハール監督をはじめ近代サッカーで推進される「攻守両面にバラン

スのとれたポジショニング」という視点からすると、インテルのシフトは守備に厚く前線が薄く、決してチーム全体がコンパクトにまとまった中で遂行されておらず、むしろ間延びしたバランスの悪い攻めということができます。しかし、チーム全体のバランスは悪くても「ここぞ」という瞬間を嗅ぎつけたときには一気にカウンターでシュートまで持っていく感性をインテルの選手たちは持っていました。それが長年、歴史の中で培われてきたイタリアサッカーの、理論を超えた「感覚」なのかもしれません。

4 ロボカップサッカーの戦術とカウンター

●確率を高めるとサイド攻撃が中心になる

サッカーでは、選手が選択したプレーは常に意図したとおりに実行できるわけではありません。まず、相手の防御によってプレーに狂いが生じ、同時に自分の技術力、戦術理解力の不足や、心理的混乱、集中力の欠如、肉体的出力の不足、体力の消耗などの要因によってもプレーの狂いは生じます。では、サッカーからそうした「人間ならでは」という部分を排除し、純粋にメカニカルな戦術プログラムの戦いとしてみたらどうなるのでしょう。そのヒントになるのが、ロボカップサッカーのシミュレーションリーグです。

ロボカップサッカーとは、おもに工学研究者の間で競われている競技で、人工知能が制御するロボットがサッカーの試合という形式を通じてその完成度の高さを競い合うイベントです。競技は小型ロボットリーグ、中型ロボットリーグ、標準プラットフォームリーグ、ヒューマノイドリーグ、シミュレーションリーグに分かれています。

ここで採り上げるシミュレーションリーグは、他の種目が作動する物体としてのロボットを使用するのと違い、コンピュータ上の仮想フィールドの中にプログラミングされた人工知能を配置し、11人のチームとしてサッカーの試合を競い合う競技です。

選手となる人工知能は「エージェント」と呼ばれ、コンピュータの画面上では円形のアイコンとして示されます（図3－18）。エージェントは、市販のサッカーゲームのように外から人が操作して動くのではなく、予めそれ自身が自主的な行動をとれるようプログラムされています。エージェントは状況に応じて自らパス、ドリブルなどを適切に実施するために、0・1秒に1回の頻度で意思決定を行い、その結果に基づいてプレーを選択していきます。ボールを失わずにゴールに近づくために、最も確率の高いプレーを常に選択するようプログラムされているのです。

シミュレーションリーグのエージェントはプログラミング上の存在ですから、心身の消耗、集中力の欠如等、人間ならではの弱点はありません。あくまでも機械的な確率論の中から次に行うべき行動を導き出し、実践していきます。そうした計算上の効率で進行するサッカーの中で、エージェントは具体的にどのようなプレーを選択し実行していくのでしょうか。また、その攻撃のバリエーションの中で、カウンターアタックはどのような位置づけにあるのでしょうか。自らがプログラムしたチームが2009年から3年連続して世界大会の決勝に進出し、優勝1回、準優勝2回と輝かしい実績を残している秋山英久・福岡大学工学部助教（工学博士）は次のように解説します。

「エージェントは、まず自分の置かれた状況を把握します。それが、いわゆるプレーの流れの中なのか、セットプレーなのか、攻めているのか守っているのか。そして、自分に与えられた役割、例えば攻撃的か守備的か、などに基づき次のプレーを選択していきます。その中で、ボールを保持したときにまず実行するのは、味方に確実につなぐパスです。そのときに最もパ

図3-18 ロボカップ・シミュレーションリーグの画面

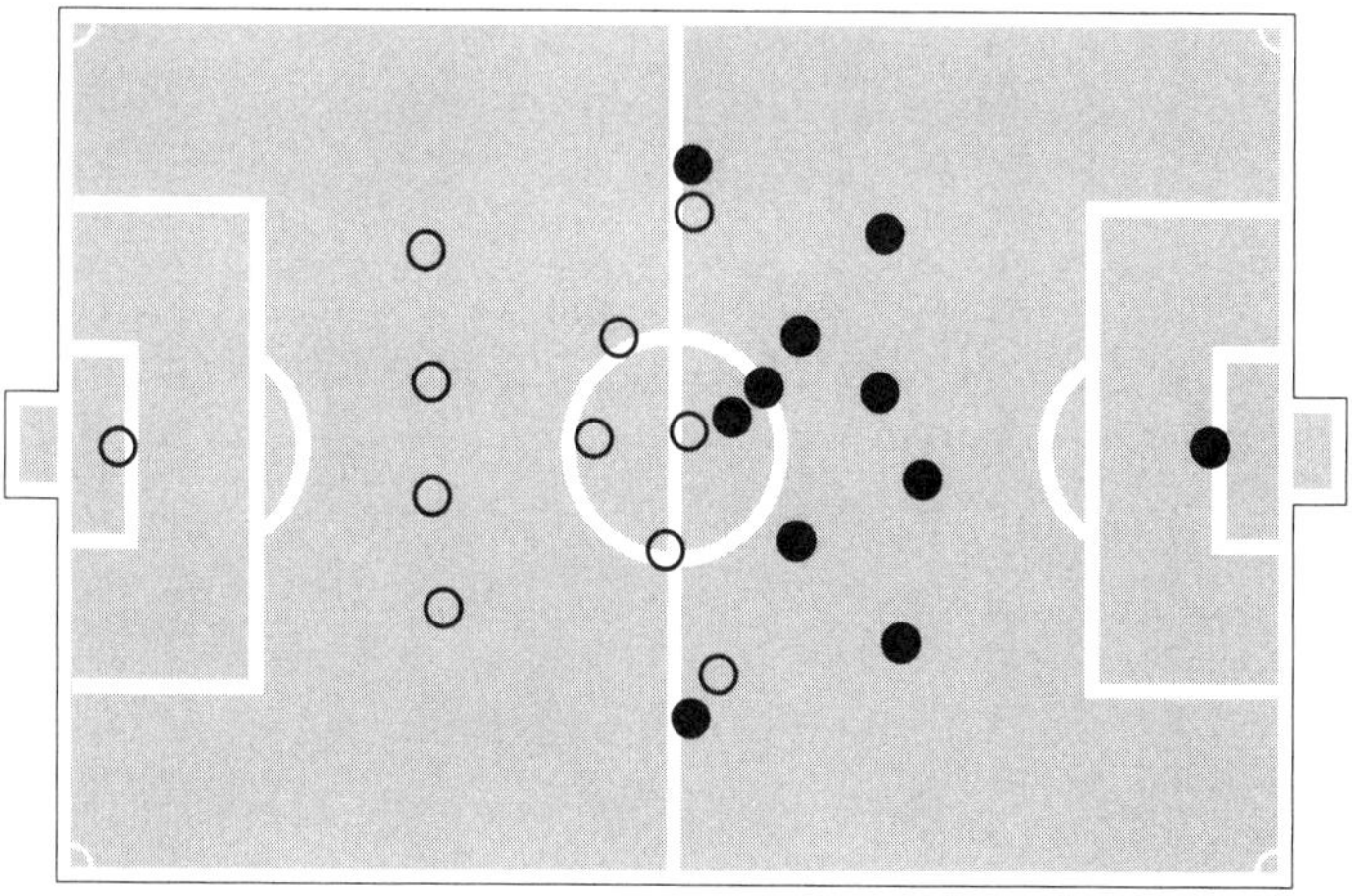

スが成功する確率の高い味方を探し出し、パスをつなぎながらゴールに近づいていきます」

まずはポゼッション（ボール保持）を確実にするという点は本物のサッカーと同じです。ではポゼッションが確保されたあと、相手チームを攻略するときの攻撃のスタイル、パターンなどはどのようなものが選択されていくのでしょうか。

「パスの成功確率を重視しながらゴールに近づくというプレーを続けていくと、必然的に守備を固められた中央よりも、守りが手薄なサイドに攻撃が流れていく形になります。ですから、おもに採用するのはサイド攻撃主体の戦術になります」

サイド攻撃といえば、本物の日本代表のサッカーでも頻繁に採用される戦術です。ポゼッションを高めてサイドから崩すという戦法が、確率論で進める人工知能のサッカーでも第一に採用されていることは、非常に興味深いと思います。では、サイドを攻略したあと、人工知能のサッカーではそれをどのようにシュートにまで結びつけるのでしょうか。

「あくまで平面上の動きなので、本物のサッカーのように三次元で考える（高さのある）クロスボールは使えません。ですから、ゴールの前に選手を集めて、そこに（本物のサッカーでいうならグラウンダーの）パスを送り込む形になります。ボールを受ける位置にはFWとMFの計6人を集め、できるだけ多くのパスコースを確保しつつ、シュートできるチャンスを見つけていきます」

このサイドからの崩しも、当初は「サイドを取れたらゴール前にパス」というように、パスの受け手の状況にかかわらず、とにかく自動的に、いわば「決め打ち」でゴール前にパスするようプログラミングされていたといいます。しかしその後、改良が加えられて、現在ではよりシュートできる確率の高いポジションにいるエージェントを見つけてクロスを送るようになったそうです。このあたり、本物のサッカーの進化と似ています。

さて、実際に人工知能のエージェントどうしが対戦している場面を見ると、サイドからクロスがゴール前に送られたあと、それに合わせてワンタッチ（ダイレクト）のシュートが行われるというよりも、さらにゴール前で何本もパスが交換されることが多いことに気づきます。多少、リスクがあっても思いきってシュートに持ち込む、という場面は多くありません。これは、人工知能にセットされたプログラムが、あくまでもシュートの成功確率が高い選手を見つけ出すことを最優先にしているからです。

ポゼッションが継続する確率の高いプレーを優先的に選択し、まずサイドを攻略する。その後は、ひたすら得点の確率の高い選手を探してパスをつなぐ……。シミュレーションリーグの画面で人工知能たちが繰り広げているプレーは、どこか実際の日本のサッカーのプレーに共通する部分があるように感じます。

●カウンターでは〝感覚〟が大きな意味を持つ？

確率論をベースに展開する人工知能のシミュレーションリーグのサッカーの攻撃で、カウンターが繰り出されることはあるのでしょうか。秋山博士と共同研究チームを組む中島智晴・大阪府立大学工学部准教授（工学博士）は次のように解説します。

「本物のサッカーのようなカウンターアタックを人工知能が繰り出すことは、非常に希で難しいことです。なぜなら、人工知能のピッチ上では、守備側が相手の攻撃陣にカウンターを実行させるようなシフトになることが極めて少ないからです」。

その理由について、中島博士は以下のような要素を挙げます。

第一は、勝利のために確率の高いプレーが選択されるという、人工知能の基本的な行動原理によります。その行動原理からすると、ボールを保持しているチームのDFがリスクを冒して攻撃参加するということ、裏返せば、相手がカウンターを仕掛けやすいような守備が手薄な状況が設定されることが、ほぼないに等しいのです。DFに割り当てられたエージェントは、攻撃時でも揃って自陣にとどまることがほとんどで、攻撃の多くはMFとフォワード（FW）のみで行われます。

第二の理由も、やはり確率論によります。例えば、本物のサッカーの場合、アタッカーとディフェンダーがヨコに並んだ状態の場合、あるいは、ときにはアタッカーが多少、不利な後方に位置する状態でも、あえてゴール方向に向かうパスを出して、アタッカーのタイミングのよいスタートや走力によって半ば強引に得点を奪おうとするプレーがあります。相手DFを自陣ゴールに向かって戻らせながら行う攻撃は、カウンターにとって重要な状況設定です。しかし、このように失敗に終わる可能性も少なくないギャンブル的要素が含まれた攻撃を、人間の選手が選択することはあっても、人工知能があえて選択することはあまりないのです。

第三の理由は、人工知能の機能の限界によります。人工知能は、マークの外れた安全なスペースを見つけて動き、そこでパスを受けるという動きは可能ですが、「出ると見せかけて戻る」あるいは「戻ると見せかけて出る」というように、相手との駆け引きの中で最善のタイミングを見つけ出してパスを受ける、ということは、まだうまくできません。0・1秒に1回の判断を下す高度にプログラミングされた人工知能とはいえ、現時点ではタイミングを見計らってマークを外すというような、微細な対敵動作まではできないのです。例えば、ハンドボールの章で解説してくれた田中さんが〝際〟と名付けたカウンターを実行する際にポイントとなるパスの受け渡しのタイミング、あるいはそれを察知しながらのプレーは、さすがに現時点では人間のみが行えることなのです。

第四の理由も人工知能の機能の限界によります。ボールゲームの指導者たちがカウンターを仕掛ける前提として強調していた「意図した形に追い込む守備」が、人工知能ではまだできません。本物のボールゲームでは、サッカーもバスケットボールもハンドボールもバレーボールも、守備側が意図した形に相手の攻撃を追い込むことによって、カウンターの準備は整うのでした。しかし、人工知能の守備では「今この瞬間に危険な位置にいる相手」を0・

1秒ごとに見つけ出し対処する能力はあっても、一人が相手を一方向に追い込んでいる間にもう一人が次のプレーを予測して備える、というように、複数のエージェントが共通の意志で連動するという守備までは開発されていません。

このように見ていくと、シミュレーションリーグのように基本的には数値的な確率論を突き詰めていくサッカーにおいては、カウンターは攻撃の選択肢としては極めて優先順位の低いものであるといえます。しかし、前々項でW杯のデータが示していたように、実際のサッカーではカウンターは重要な戦法の一つであり、また、サッカー以外の多くのボールゲームでも、それは日本人選手が国際試合で活躍するための有効な手段と認識されています。このように確率論上の評価と、実戦の現場での評価の違いは何によって生じるのでしょう。秋山博士は次のように推論します。

「それはやはり、カウンターが〝感覚〟とか〝間〟などの人間独特の感性に深く関係するからではないでしょうか。人工知能は限りなく確率論を極めていくことはできますが、それはどこまでいっても数字上の比較です。いっぽう、血が通った人間どうしの対戦では、予測、駆け引きがあり、そこに過去の経験や進行中の体感なども影響を及ぼします。〝勘〟などという理論的な説明がしにくいものが作用することもある。実際の人間のプレーでは、数値的に整理できないことも、情報として数多く積み重ねられていきます。そうした部分が大きな影響力を持つからこそ、人工知能の計算では成功確率が低いと評価されるカウンターが、人間の試合では効力を発揮するのではないでしょうか」

確かにプレーの流れの中で「今がカウンターのチャンス」と察知するのは、確率論とは別の感覚なのかもしれません。そう考えると、カウンターとは確率や計算だけでは説明できない、人間の感性、心理あってこその戦法といえるのかもしれません。また、イタリアやウルグアイのように多くの選手が巧みなカウンターを駆使する国々では「カウンターの仕掛けどき」を察知する能力に長けた選手が育つ風土、土壌があるのかもしれません。その感性、心理の風土については秋山博士から興味深い示唆がありました。

「人工知能のサッカーでもプレーにはお国柄が表れます。中国はとても攻撃的で、ドイツは固い守備が特徴。我が日本のチームは、パスはよくつながるものの、概して攻撃がへたです。中盤のパスワークと同じような感覚でゴール前でもプレーしてしまう。ゴール前で相手のウラをかくとか、違う動きをするとか、そういう攻略の感覚が乏しい。その点、中国はゴール前でいろいろな攻撃を仕掛けてきます。攻めのアイディアが豊富です。日本の若い研究者の中に少しずつ攻撃のプログラムが上手な人材も出てきましたが……」

人工知能のサッカーでも本物のサッカーと同様、日本チームはゴール前の攻撃が単調になりがちという話には思わず苦笑してしまいます。現時点では想像でしかありませんが、サッカーという形式をとったゲームを実施する際に、それが肉体を使った戦いでも、人工知能のプログラムを介した戦いでも、私たち日本人に共通する感性が作用するのかもしれません。

第4章
ボードゲームの戦略とカウンター

1 カウンターが宿命づけられた種目

　ここまで武道やボールゲームについて、「後の先」という概念とカウンターアタックに共通する要素を探ってきました。ここでは視点を変えて、ボードゲーム（盤上ゲーム）の攻防について見てみましょう。ボードゲームとは、ボード（盤）上で繰り広げられる対戦型ゲームのことで、ここでは将棋、チェス、オセロに焦点を当てます。ここまで採り上げてきた競技種目と、ここで採り上げる3種目のボードゲームに、どのような関係があるのか、と訝しがる方もおられると思います。

　私がこれら3種目に着目したのは、それぞれの「手」の打ち方（指し方）の特性です。将棋も、チェスも、オセロも、必ず相手が打った（指した）手を確認してから自分の手を打つ（指す）、という形式になっています。手を打つ（指す）のは相手を攻略するためですから、それは武道や球技における「攻撃」と同様のものと考えられます。つまり、これら3種目では常に相手の攻撃を受けてから自分の反撃を返す、ということが繰り返されているわけで、それは、打ち手（指し手）ごとにカウンターアタックが繰り返されている、と見ることができると考えたからです。

　いうまでもなく、この3種目では、相手を攻略するために、高度な戦略的思考が求められます。目前の一手で相手を制することだけにとらわれずに、何手先もの展開を読みつつ布石を打ち、駆け引きを行い、ときにはあえて駒を取られるという犠牲をつくることも厭わず、勝利に向けて地歩を固めていきます。そうした対戦者の「先の読み合い」の中に、カウンターアタック的な概念が少なからず含まれていると想定したのです。

将棋の心得の一つに「風邪を引いても後手引くな」という言葉があるそうです。「後手を引く」つまり、相手に主導権を握られることを避けようとする言い伝えです。これは、常に先手を取って攻撃していけ、ということだけではなく、相手の攻め手に対して、防御しているような状況であっても反撃の意味を含めた手を繰り出していくことで、主導権を握り返す努力をすることを勧めています。逃げる手を指すだけではなく、駒を取り返すこと、有利なマスへ進出すること、その一手が逆に相手を守勢に転じさせること、などを常に念頭に置きつつ、次の指し手を考えていけとしているのです。いわば、常にカウンターアタックを考えておけ、ということです。

また「長い詰みより短い必死」という言葉もあります。これは、王将を追い詰めるチャンスの糸口をつかんだら、多少のリスクがあっても思いきって勝負に出ることがよい、とする言い伝えです。その場に及んで先の先を読み、万全を期して布石を打つことばかりに腐心していると、いつのまにか絶好のチャンスを逃す場合もあると戒めています。「終盤は駒の損得より速度」という言葉もあるようですが、これも同様の意味でしょう。決めるべきときには一気に畳み込む勢いも大切としているのです。これもカウンターアタックの概念に通じます。

そのいっぽうで、「王手は追う手」という言葉もあります。これは、王将を追い詰めるときに、単純に逃げる王将を直線的に追撃していくだけでなく、その王将を守っている駒を攻略したり、王将が逃げるであろう道筋を塞ぐような駒を置いておくことなど、多角的な攻め手を駆使することが有効であると説く言葉です。常に自分と相手との関係を相対的に見ながら、対局の全体像を把握しつつ、次の一手を決めていくという戦略的思考を勧めています。

こうした将棋の心得は、カウンターアタックによる速攻と、ポゼッションあるいはセットオフェンスによる緻密な攻めを適宜使い分けることが肝要とするボールゲームの思考と似ています。

ところで、NHK―BS2で放送されていた「大逆転将棋」という番組があります。1996年に前身の番組が開始されて以来、2012年まで定期的に放送されていた番組です。番組名や内容には多少の変遷はありましたが、中心となるコンセプトは一貫していて、一流プロ棋士に大きなハンディキャップを与え、将棋好きの有名人やスポーツ選手などと対戦させるというものです。プロ棋士に課されるハンディキャップは、投了図からの開始という厳しいものです。一流棋士の対局で投了（スポーツ風にいうとゲームセット）となった場面、つまり一方が「負け」と認めた場面を再現し、プロ棋士がその負け側を担当して、投了の盤面から逆転勝ちまで持ち込めるかどうかを見ていくのです。

投了、つまり「負け」が決まった場面からどうして逆転できるのか、と一見、奇妙に思えます。それは、一流の棋士が互いに何手も先を読み合う高度な勝負をするからこそ成立する視点です。一流どうしの対局で「投了」となった場合、それは、必ずしも次の一手で勝負が完全に決まるわけではなく、多くは何手か先を読んでの決断になります。言い換えると、「投了」となっても、実際にはいくつかの手は残されているわけです。その「プロが見れば、どう考えても逃げ道なし」という場面を受け持った棋士が、いかにそれを切り抜け、逆転するかを見ていくのです。

驚くことに（プロ棋士の実力を考えれば当然なのかもしれませんが）、ほとんどの対局で棋士たちは逆転勝利しています。番組開始当初96年の記録を辿ると、羽生善治棋士はタレントの渡辺徹さん、元競輪選手の中野浩一さん、脚本家のジェームス三木さんらの愛好者を相手に10戦して9勝を挙げています。２０１１年の放送では、羽生善治、久保利明、三浦弘行、広瀬章人らの一流棋士が、歌手の鳥羽一郎さん、香田晋さんらを相手に5戦して3勝しています。いくらアマチュアが相手とはいえ、負けが決まっているという状況から逆転するのですから、プロの一流棋士の戦術眼の深さと指し手の巧みさには驚嘆するしかありません。

羽生善治棋士は、別のテレビ番組の中で次のように語っています。

「見た目にはかなり危険でも、読みきっていれば怖くはない。剣豪の勝負でも、お互いの斬り合いで、相手の刀の切っ先が鼻先1センチのところをかすめていても、読みきっていれば大丈夫なんです」

アマチュアが考えそうな投了までの指し方を完全に読みきっているからこそ、絶体絶命の場面であってもそれに的確に対応し、形勢を逆転させ、勝利につなげることができるのでしょう。多様な指し手を理解し、展開を読み、それを自分の術中にはめていく戦術眼に長けている名棋士ならではの言葉です。

棋士のみならず、ボードゲームの達人たちは同様に、相手の繰り出す手を分析しつつ、布石を打ち、仕掛けをし、駆け引きをしつつ相手を攻略する術に長けているはずです。それぞれにどのような基本戦略があり、どのように試合を運び、どのように勝負を仕掛けていくのか。その中で、守備と攻撃は、どのようにバランスがとられているのか。そして、カウンターアタックの概念はどういう場面でどのように活用されていくのか、探っていきましょう。

2　将棋とカウンターアタック

●守備を固め、駒ごとに明確な役割を与える

ボードゲームの最初に採り上げるのは、将棋です。将棋は二人の対局者がタテ・ヨコ9マ

スに区切られた盤面にそれぞれ20個の駒を配置し、駒それぞれに規定された動き方を活用しつつ、相手の「王将」を攻略することを競います。この将棋の攻防の基本について、日本将棋連盟棋士・六段、2011年度勝率1位、中村太地さんの解説を中心に見ていきます。

将棋の駒は、相手陣（相手側の3列）に進出した場合、「成る」といって、基本の動き方に新たな動き方を加える特権を得ます。例えばタテの直線、ヨコの直線を自由に動ける「飛車」が「成る」と、新たに前後それぞれのナナメ方向に1マスずつ動く機能が入手できます。また、将棋では相手を攻略して入手した駒を、今度はこちらの持ち駒として活用することができます。対局の開始時に与えられた20駒に加えて、このように対局の展開によって機能が変化した駒、あるいは新たに入手した駒を活用しつつ、相手を攻略していきます。

こうした特性を活用しつつ、将棋の対局はどのような戦術を基本として進められるのでしょうか。その点について、中村棋士は次のように解説します。

「まず基本は『王将』を守る布陣を固めることです。対局開始時の『王将』の位置は決して安全ではありません。ですから、まず『王将』の周囲に防御の駒を配置していきます。俗に『城を造る』などともいいます。そのいっぽうで相手に攻撃を仕掛けていくのですが、そのとき、まず相手がどのような指し方をする人なのか、きちんと見極めた上で攻めなければいけません。過去の対局を記録する棋譜というものがありますが、まずそれを分析すること、それに棋士の性格なども考慮して攻防の展開を考えます」

まず守備をしっかり固めることから、という基本は「ディフェンスを上達させなければカウンターも含めて思いきった攻めができない」と元日本チャンピオンの小林秀一さんが語っていたボクシングと共通します。また、サッカーのカウンターアタックの本家、イタリアの強豪インテルミラノが欧州チャンピオンズリーグを制した試合では、彼らが攻撃を仕掛ける際にも常時、安定したディフェンスラインを保っていたことも紹介しました。事前に相手の戦い方の分析を十分に行い多様な対応力を準備するという部分については、剣道の蓑輪勝さんが「気で先を取る」ために必要と語った心構えと共通します。

さて、対局相手の分析によって駒の進め方の特徴などがわかりますが、そこには何らかの法則性、あるいは定石のようなものがあるのでしょうか。この点について、実力のある人には、ある傾向が見て取れると中村棋士は言います。

「強い人は、駒の使い分けがはっきりしていることが多いですね。この駒を攻撃に、この駒を守備に、と役割分担をした上で動かしていく。例えば『銀』は2枚ありますが、1枚を攻撃に、もう1枚を守備に、というように。また、『香車』、『角』は攻め中心に、『金』は守り中心に、というようにすべての駒に明確な役割を振っていて、何をするかあいまいな『遊び駒』というものが1枚もない」

ボールゲームなどで、ポジションと選手それぞれに戦術的な「約束事」がきちんと割り振られているように、将棋でもそれぞれの駒がどのような働きをするかが明確にイメージされていることが肝要なのです。では、実際に、駒の活用にはどのようなバリエーションがあるのでしょうか。

「例えば、一般的に『金』は守備に使われますが、いっぽうで攻撃の場面で決定的な働きをすることも少なくありません。特に相手から奪った『金』は持ち駒として攻撃に厚みを持たせるときに大きな仕事をすることが多いのです。相手からしてみれば、自分の守備の要と思っていた駒が奪われて、それが逆に自分を攻めてくる駒の中心になるのですから、『金』を巡る攻防というのはかなり大きなポイントになります」と中村棋士。

「金」は、サッカーでいうなら、基本的に守備的な役割をこなしつつ攻撃の組み立て役としても重要な部分を担うミッドフィールダー（ＭＦ）・ボランチに似ているかもしれません。チームが自陣でボールを保持しているとき、攻撃の組み立ての第一歩を担おうとするボランチが相手にボールを奪われると大きなピンチを招くことになります。ロンドンオリンピック・男子サッカーが準決勝でメキシコに敗れた試合で、日本が2点目を失ったのがまさにこのプレーで、ボランチ・扇原の奪われたボールがそのまま失点に繋がりました。裏返していうと、相手ボランチのキープするボールを奪うことは、サッカーではビッグチャンスにつながります。そのいっぽうで、ボランチが思いきって前線に飛び出し、フォワード（ＦＷ）や攻撃的ＭＦと連携したときは、大きな攻撃力が生み出されます。

前後左右の直線を自由に進める「飛車」は、攻守両面の中心を担います。その「飛車」の配置によって「居飛車」「振り飛車」という二つの戦法がありますが、この二つは将棋の二大戦法といわれるほど重要な役割を果たします。「居飛車」「振り飛車」をかみ砕いて説明すると、いずれも「飛車」を常に戦略上重要な定位置に置き、そのことで相手の攻撃を監視しつつ、自陣の要所に侵入してきた相手の駒を奪い反撃する態勢を整えておく布陣です。これは視点を変えれば、相手の攻撃に対して常にカウンターアタックの準備があることを誇示する布陣といえるかもしれません。

いっぽう、攻撃面では、「飛車」を補佐するためにしばしば「銀」が活用されます。「銀」は前1マス、ナナメ前方およびナナメ後方にそれぞれ1マスずつ動ける駒です。「銀」で相手の駒を取り「飛車」が進む進路を空ける、という戦法はしばしば活用されます。「飛車」が敵陣の3列に進出して「成る」と、新たに前後それぞれのナナメ方向に1マスずつ動く機能が加わり、かなり大きな攻撃力となります。

「居飛車」を選ぶにしても「振り飛車」を選ぶにしても、相手の選択した戦法を攻略するために、棋士は互いの手の内を何手も先まで探りながら駆け引きをします。将棋は一手を指す度に、相手にはそれに対応するチャンスがあります。言い換えると、一手ごとにカウンターを出し合うわけです。その交互のやりとりの中で、棋士は相手の戦略を読みつつ、複数の攻守の「仕掛け」を設置していきます。駒の対峙は「王将」を巡る攻守の最前線のみならず盤面全体で考えられ、一つの駒の動きに対していくつもの伏線が張られていきます。安易な手を打てば、駒はたちまちその伏線のどれかに絡め取られてしまいます。不用意な攻めがピンチを招くという点は、後の先、カウンターアタックで見てきた数々の種目と共通します。

●守備を手薄にするためにあえて攻めさせる

さて、互いに攻守の駆け引きをする中で、いつ攻めに転じるか、あるいは、いつまで我慢して守るか、という判断は将棋でも重要なポイントとなります。相手陣内の3列に進出すれば駒が「成る」ことで攻撃力は増します。しかし、そこで相手の反撃にあってその駒を奪われると、その駒は一転、今度はこちらを攻撃してくる駒になってしまうのです。強力なカウンターアタックを見舞われるのです。他の勝負ごとと違い、将棋で攻撃を失敗することは、単に攻め手を失うだけではなく、確実に相手の反撃力を増やすことになるという、大変大きなリスクがつきまとうのです。では、そうしたリスクを抱える中で、棋士はどのように攻撃の決断を下すのでしょうか。

「積極的に攻め手を打っていくときの条件は、まず自分の『王将』に対する守備ができていることです。少なくとも反撃されるリスクが50％以下の状況であることが必要です」

攻撃を考える上でも、まずは守備の安定ということが何より最優先されるわけです。守備固めができていない中で繰り出す攻撃は、ボクサーがノーガードでパンチを繰り出すようなものです。相手の攻め手のあらゆる可能性を予測し、そこに予防線を張ることなしには、棋士は不用意に攻めに出ることはできないのです。その意味では、将棋の攻撃はスポーツの攻撃に比べて、慎重である部分の比重は高いかもしれません。

それでは自分の守備が十分ではないとき、つまり「王将」の守りに50%以上のリスクがあると判断されるときには、棋士は絶対に攻撃は仕掛けないのでしょうか。「それはケース・バイ・ケースです」と中村棋士。

「仮にこちらが攻められるリスクがあると判断できても、それ以上に自分の攻め手の効力が大きいと判断できるときには、あえてリスクを背負いながら反撃に出ることもあります。例えば、相手の攻撃の核になる『飛車』をあえて攻めに専念させるよう仕向ける。そのことで、こちらにとってのリスクが高まりますが、いっぽうで相手の守備で『飛車』は機能していないということにもなるわけです。こうした判断も含めて、相手の攻めが自分の『王将』からなるべく遠い駒を取らせるように仕向けつつ、その間にこちらはより効力のある攻撃を仕掛けていく、という方法を使うこともあります」

堅実な守備を固めることを基本にしつつ、ときにはあえて相手に攻めの好機と思わせる布陣を晒して意識を攻撃に集中させ、その隙に反撃する。これは武道の「後の先」で実践される概念と似ています。

武道の「後の先」では、相手の攻撃を受けると同時に、こちらの攻め手が打たれることが肝要とされました。それは、攻守は常に一体化しているという「懸待一致」の概念に基づき、相手が攻撃しているときこそ守備が疎かな瞬間が生まれる、という考えからでした。ボクシングでもカウンターパンチを繰り出す絶好機とは、相手がパンチを打ち終わる瞬間でした。「飛車」の攻撃をあえて許しつつその「飛車」のいなくなった隙を突く、相手の主力に攻撃させる中に、こちらの反撃の好機を見いだすという概念は、まさに「懸待一致」と共通します。

では、そうした攻防の中で、単純な敵陣への侵攻という意味の攻撃ではなく、相手の「王将」を取りにかかる攻撃、つまり「勝負をかける」攻撃のタイミングはどのように見極められるのでしょうか。中村棋士は次のように語ります。

「その判断の一つは、敵陣の3列に駒が進出して『成る』ことができたときです。その駒を含めて実際に『王将』を追い詰めるのに使われるのは2〜3の駒です。多くの場合、それには『飛車』が含まれます。その、いわば主力部隊で相手の王将を追い詰めるのですが、いっぽうで、相手から奪った持ち駒で相手の攻撃を食い止めて援護します。もちろん、相手も同様の考え方で駒を進めてきますから、こちらから勝負を仕掛けつつも、その中で守りのバランスも崩さず、いかに自分に有利な攻守両面の『駒組み』をつくっていくかが大切になります」

こちらの駒が敵陣の3列に進出したときがその決断のきっかけ、という部分は、サッカーの攻撃がピッチを三つに区切った前側3分の1、アタッキングサードと呼ばれる地域に進出したときに積極性が求められることと共通します。将棋の盤面でもそれが、9マスに区切られた中での前3列、つまり前3分の1という部分は、大変面白いと思います。

さて、中村棋士が繰り返し強調しているように、将棋では常に攻守両面のバランスに気を配ることが求められます。しかし、最近はあえてリスクを冒しても「王将」を取りに出るような、大胆な戦法が敢行される例も増えてきたといいます。

「将棋でもスピード化がトレンドになっています。従来は、おおよそ100手前後で勝負が決まったのですが、最近は60手台ということもある。それは、相手が十分に守備を固めていないうちに積極的に攻めて出る、という考え方が台頭しているからです。将棋の攻め手は年々、新しいものが開発されて、攻撃の形が豊富になっています。じっくり構えていると、思わぬところから攻略されてしまう危険がある。だから早く主導権を握らないといけないと考え、早め早めに攻めていくという潮流はあります」

相手の守備が整わないうちに早く攻め込むという視点は、ボールゲームのカウンターアタックに通じるものがあり、その方法が将棋でも台頭してきているという現象は大変、興味深く思います。

例えばサッカーでは、ボールを丁寧に保持しながら相手を攻め崩すポゼッションサッカーが攻撃の王道とする視点があります。将棋でも、名人など上位の棋士がそうであるように、どのような相手の戦略に対してもじっくりと見極めながら細かに対応する戦い方がベストとされています。

そうした理想のいっぽうで、サッカーでは、相手の守備が整わないうちにすばやく攻めるカウンターアタックが大きな効力を持つことも認められています。ポゼッションサッカーという、極めることが難しい王道をあくまでも目指すのか、それとも当面は実戦的効力が高いカウンターアタックの切れ味を磨くのか、議論が繰り返される中、W杯など主要な大会ではそれぞれの方法で甲乙つけがたい結果が出されています。

将棋では、当面は王道とされる戦術が変化する可能性は少ないかもしれません。しかし、年々進化する戦法、戦略の中で、近年台頭している速攻の攻め手が今後、どのような評価を受けていくのか楽しみです。

3 チェスとカウンターアタック

●論理的に進めながらミスを逃さず攻略する

チェスは世界の約150カ国で楽しまれているボードゲームです。タテ・ヨコ8マスずつに区切られた正方形の盤上で、それぞれに決められた動きを持つ計6種類のコマを駆使しつつ、相手の「キング」を追い詰めるゲームです。チェスも将棋と同様、対戦者が一手ずつ交互に指し合う（コマを動かし合う）形式ですから、相手のコマの動かし方に応じて戦局を読み、臨機応変に戦い方を考え、攻防の方法を変えていかなければなりません。そこで展開される戦術、戦略的な思考、あるいは実際のコマの動かし方とはどのようなものなのでしょうか。また、そこには「後の先」あるいは「カウンターアタック」に相通じるような概念はあるのでしょうか、チェスの元日本チャンピオン・渡辺暁さんの解説で見ていきましょう。

チェスの対局は、序盤（オープニング）、中盤（ミドルゲーム）、終盤（エンディング）の三つの局面に分けて考えられます。一般に序盤とは、「ポーン」（将棋の「歩」にあたる）以外のコマ（それぞれのコマの働きは図４－１を参照）が少なくとも一度ずつ動き、ある程度、戦略的に機能する位置に移動した段階をいいます。この段階で対戦者は、自分の描くゲームプランを進行させるための布陣をつくります。中盤は、それぞれのゲームプランを進行させつつも、対戦相手の動き方に対応し、戦い方を修正しつつ、攻防を進行させている局面です。終盤は、攻防の連続で盤上のコマが少なくなり、いよいよ互いが試合を決めにかかる手を打つ段階です。チェスではこの三つの局面それぞれに応じて、プレーヤーの対応が微妙に異なってきます。

（１）攻守の基盤を固める……序盤

序盤は、基本的にはプレーヤーたちに広く知られる「定跡」とされている布陣が組まれることがほとんどです。コマの動かし方はもちろんプレーヤーそれぞれの自由ですが、過去の

図4-1　コマの動き方

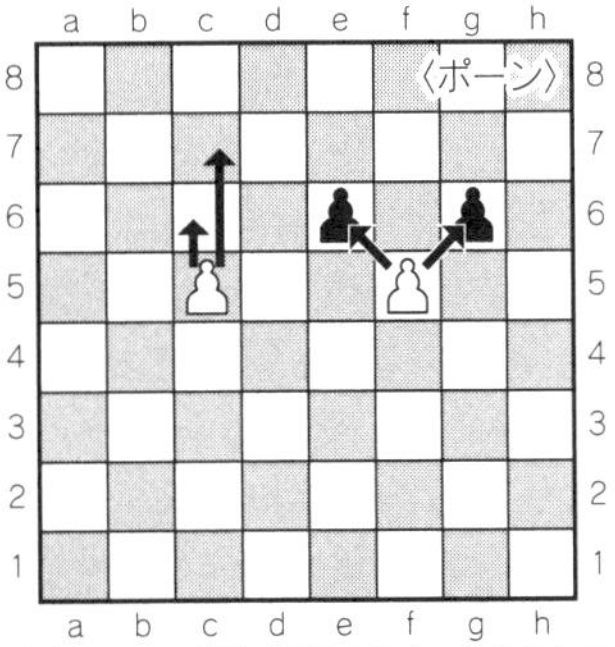

前方に１マス前進（最初のみ１マスあるいは２マスを選択可）。ナナメ前方の相手コマ取れる。

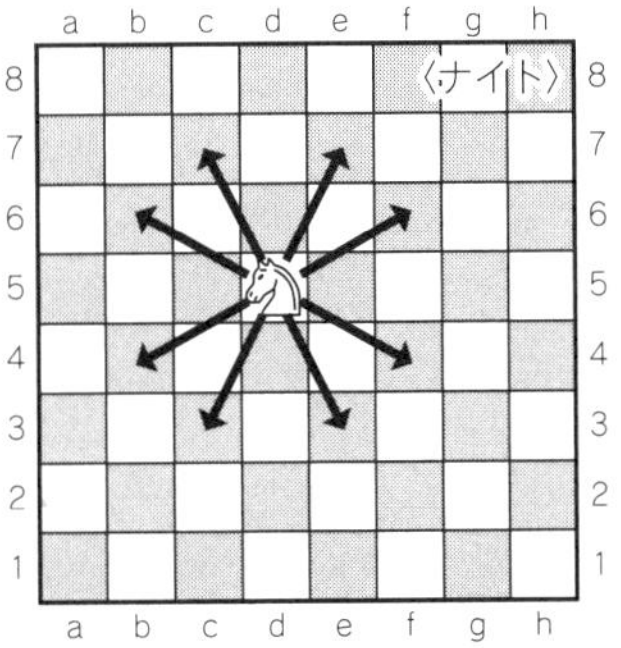

タテ（ヨコ）に２マス進み、さらにヨコ（タテ）に１マス動く。L字型の動き。

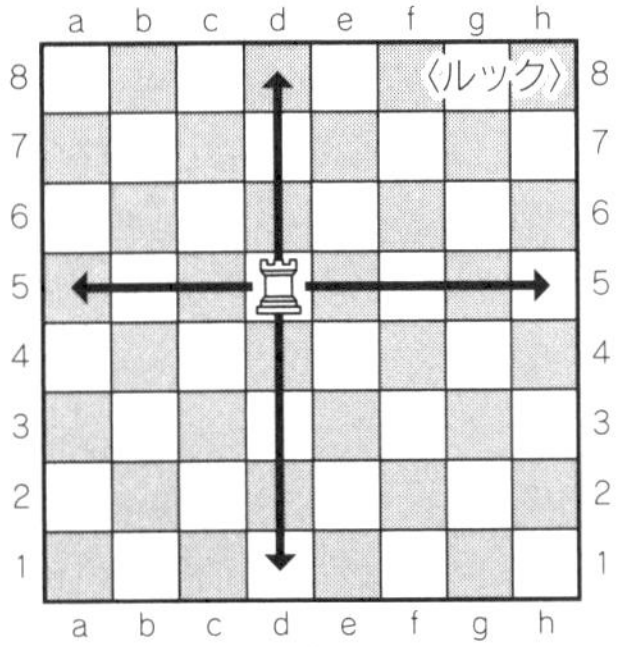

タテ、ヨコの方向に無制限に進める

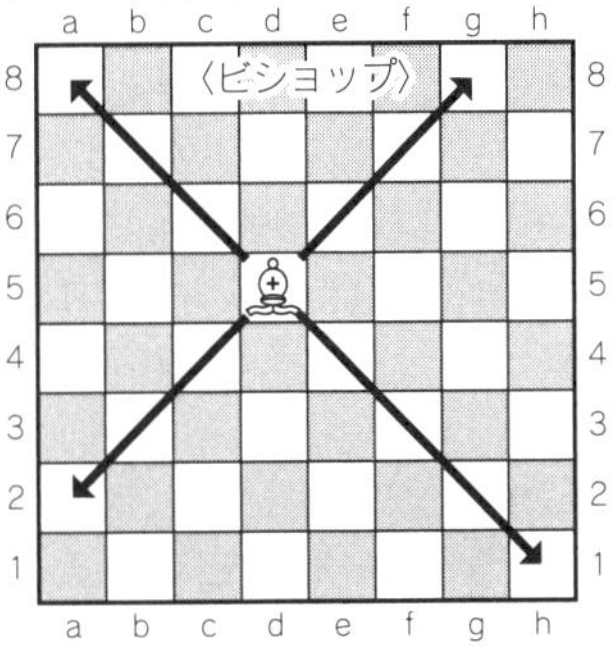

ナナメ前、ナナメ後ろに無制限に進める

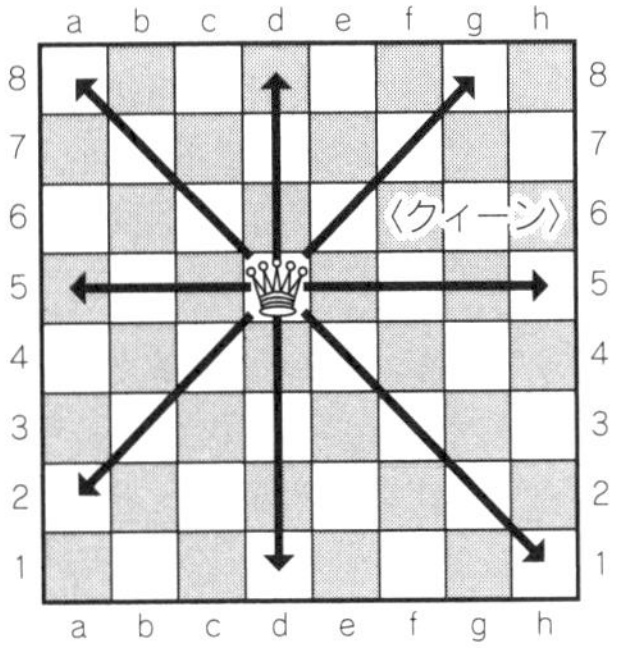

タテ、ヨコ、ナナメの方向に無制限に進める

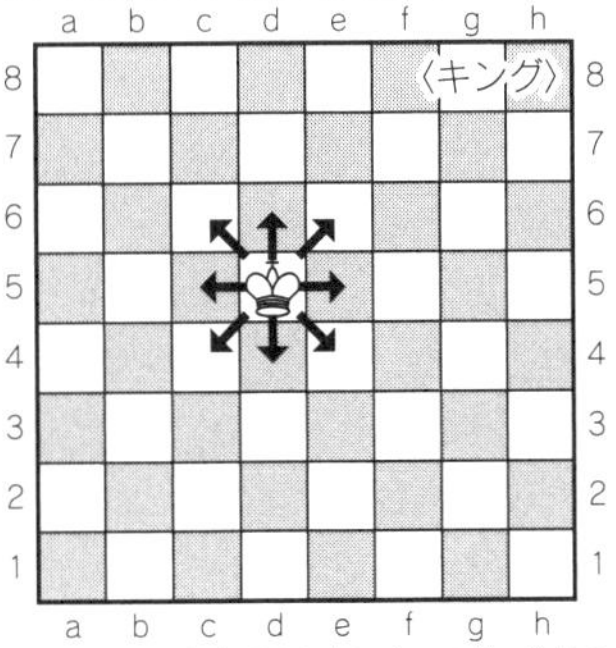

タテ、ヨコ、ナナメの方向に１マスずつ進める

数々の実績と先人の知恵にならい、各コマの特性が最も活かしやすいオーソドックスな布陣を狙ってコマを動かしていくことが一般的です。

サッカーなどのボールゲームでも、いわゆる「試合の入り方」と呼ばれる開始直後のゲーム展開は重要な意味を持ちます。序盤に自分のリズムで試合展開をつくれるか否かは、その後の趨勢を左右する大きな要素だからです。チェスも同様で、序盤にどのようなコマの配置ができるかどうかで、試合の流れは変わります。チェスのゲームで序盤の「定跡」とされている展開は、次のとおりです。

◎コマを中央に集める

この場合の中央とは、一般にタテ・ヨコ8マスずつの盤面（計64マス）のうち、中央の4マスおよびその周辺です（図4－2）。このエリアは、たとえていえばサッカーのピッチにおける「中盤」に似ていて、攻守両面のカギとなる地域です。ここに自分のコマを多く配置することで、攻守両面の機動性を高めるとともに、相手のコマの動きを制御していきます。

◎効率よい展開を狙う

チェスのコマはゲーム開始当初、盤上の端の2列に並べられています。その2列のうち相手に向かって前列になる位置には、「ポーン」8個がヨコ1列に並べられています。「ポーン」は将棋の「歩」と同様、活かし方によって大きな戦力になりますが、基本的に1マスずつ前方にしか動けません。

いっぽう、後列には、タテ・ヨコ・ナナメに自由に動ける「クイーン」、タテ・ヨコに自由に動ける「ルック」、ナナメに自由に動ける「ビショップ」など、強力な戦力になるコマが配置されています。これらの強力なコマが動く先に味方のコマが置かれていると機動力が制限されますので、強力なコマが主戦場に自由に出られるよう、隙間を空けて道をつくる必要があります。コマを中央に集める動きと、後列の強力なコマの道を空ける動きが同時に連動する合理的なコマの動かし方をすることが理想です。

◎キャスリング

キャスリング（castling）とは直訳すれば「入城」です。最も重要なコマである「キング」を安全な城の中に待避させることです。もちろん盤上に城はありませんので、実際には特有のルールを活用して「キング」を安全な位置に移動させます。特有のルールとは、本来はタテ・ヨコ・ナナメに1マスずつしか動けない「キング」が、このキャスリングのときのみヨコに2マス動けるというルールです。「キング」は開始当初、後列の中心近くに位置して

図4-2　定跡で重視される盤の中央部分

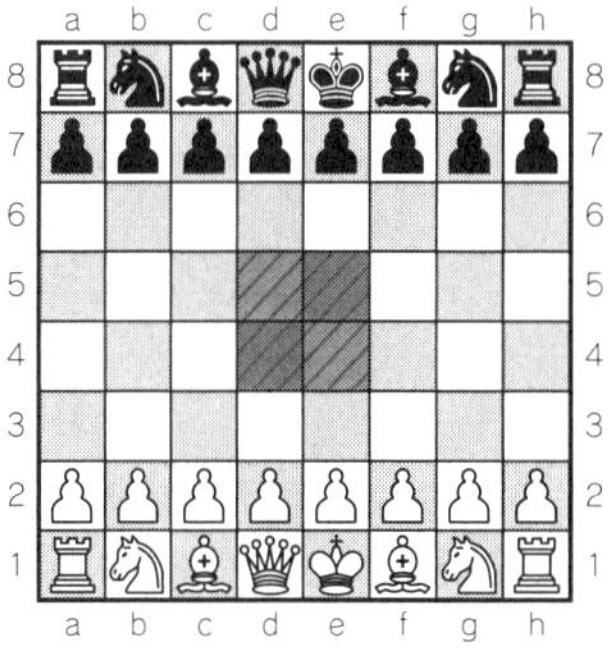

いますから、キャスリングによって、より安全な盤の端方向に2マス移動します。

キャスリングでは、「キング」がヨコに2マス移動すると同時に、ゲーム開始時に盤の最も端に位置していた「ルック」が「キング」と入れ替わるように（飛び越して）動いて「キング」の真ヨコに移動します。こうして「キング」が盤の隅に向かって移動し、同時に「ルック」が中央で使える形を一手で整えることが許されるのがキャスリングです（図4－3）。

上級者になれば、戦況に応じて適時にキャスリングを行う駆け引きを実行する場合もありますが、まず序盤で着実にキャスリングを行い「キング」の安全を確保することが一般的です。将棋でも攻撃の布陣を進めると同時に「王将」を守る布陣を固めることが肝要とのことでした。将棋で「王将」を守る布陣を固めることが「城を造る」と呼ばれていましたが、キャスリングも同じ意味です。

（2） 多様な手を駆使して主導権を奪う……中盤

序盤で戦い方の基本的な布陣が整うと、ゲームは互いに相手の「キング」の攻略や、駒得、その他のアドバンテージ獲得を目指す展開となります。チェスの攻防ではさまざまな戦術、戦略が駆使されますが、ここではその中から基本的なものを紹介しましょう。

◎駒得

チェスでは「キング」以外の5種類のコマそれぞれの強さが点数で換算されています。

最も強いのが「クイーン」で9点、次に「ルック」が5点、続いて「ビショップ」と「ナイト」が3点、「ポーン」が1点です。ゲームの中で相手よりコマ数が多いほうが有利になることは当然ですが、同時に、大きな戦力を持つ（点数の高い）コマを多く持つことも重要です。ですから、単純に相手のコマを取ることのみならず、自分の弱いコマと相手の強いコマを交換する展開に持ち込むこともゲームの優勢につながります。

例えば「ビショップ」（3点）を失っても次に「ルック」（5点）を奪える展開ならば、2点分優位な展開になります。こうした状況になるように持ち込むことを「駒得」といいます。

図4-3　キャスリングのコマの動き

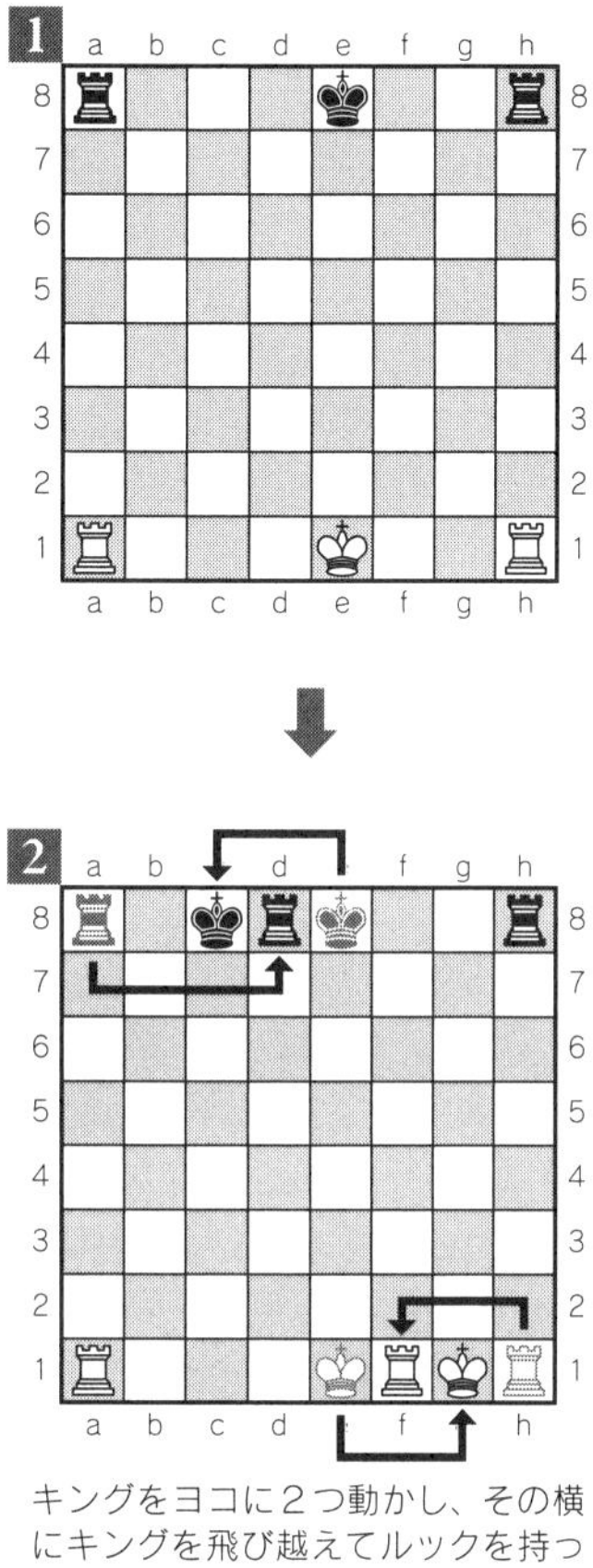

キングをヨコに２つ動かし、その横にキングを飛び越えてルックを持ってくる。

（渡辺暁著『ここからはじめるチェス』より）

◎エリアをコントロールする

一手ごとのコマの奪い合いの中で、できるだけ「駒得」をするようにコマの配置はさまざまに工夫されます。その中で8個ある「ポーン」をいかに活用するかはプレーヤーの腕の見せどころの一つです。

例えば、盤の中央付近で「ポーン」をナナメに並ぶように配置する「ポーン・チェーン」という戦術があります（図4－4）。「ポーン」はナナメ前の相手コマを奪える機能がありますから、一つの「ポーン」が相手コマに奪われたとしても、その相手コマはすぐに、ナナメ後ろに構える別の「ポーン」に奪われることになります。こうして、コマの特性を活かした配置をすることで、一定のエリアで主導権を握ることをプレーヤーは常に狙っています。

このポーン・チェーンは、サッカーやバスケットボールの守備の局面で行われている、カバーリングを考えた選手のフォーメーションと、とても似ています。

◎攻撃のスペース、拠点づくり

「ポーン」は強力なコマが活躍するためのスペースづくりにも上手に活用しなければなりません。「ポーン」を先遣隊としてできるだけ前方に進めることができれば、あとに続くコマの多様な動きが可能になります。このとき、最前線に位置する「ポーン」が仮に相手のコマに奪われたとしても、後方に構える味方のコマがすぐにそれを奪い返す位置どりにあることが理想です。
「ポーン」が進出した付近、特に「ポーン」のナナメ前に強力なコマが配置される形になると、攻撃は活性化されやすくなります。「ポーン」はナナメ前に進出してきた相手コマを奪える機能がありますから、強力な味方コマは「ポーン」の援護を受ける形で相手陣内への進出を考えることができます。チェスでは、こうして援護を受けながら攻撃に専念できる状況になった位置を「拠点」と呼びます（図4－5）。
サッカーでも、相手陣内深くでFWがボールを確実に確保し、フォローする複数の味方選手にパスを送れる状況をつくることを「攻撃の起点づくり」といいますが、非常に似て

図4-4 ポーンチェーン

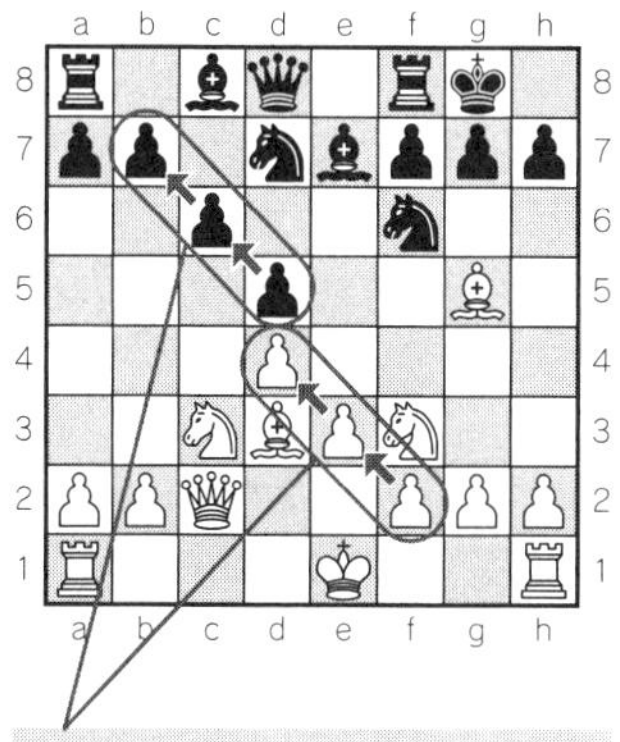

複数のポーンがナナメに並ぶ形をポーン・チェーンと呼ぶ。後ろのポーンが前のポーンを守っている。

（渡辺暁著『ここからはじめるチェス』より）

図4-5 ポーンにサポートされた攻撃の拠点

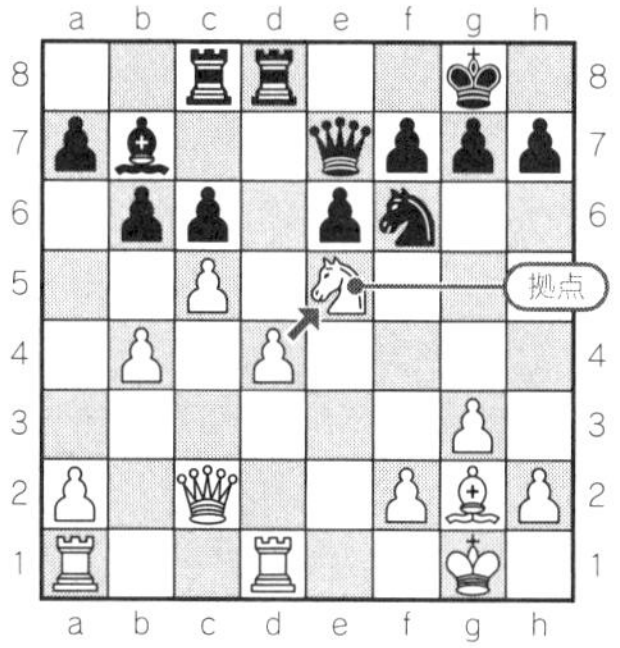

黒がナイトを取ろうとしても、後方にポーンがサポートしているので難しい。

（渡辺暁著『ここからはじめるチェス』より）

いる概念です。

◎オプションを豊富に持つ攻撃

チェスでは一手ずつ交互にコマを動かし合うことが基本ですが、一手を投じることで複数のコマを奪う可能性があれば、相手も防御に困ります。そのため、攻撃側はなるべく複数のコマを同時に狙える位置にコマを動かすことを考えます。「フォーク」と呼ばれる手は、一手で二つのコマを狙うものです（図4－6）。

また、ときにはあえて相手にコマを取らせて、数手あとにこちらがより有利な状況に持ち込んだり、あるいは「キング」を一気に追い詰めたりすることで、コマを取らせたことに対する十分な代償を得る、という方法もあります。

（3）「終わらせ方」を考える……終盤

将棋と違ってチェスでは獲得したコマを再び使うことはできません。ですから、互いにコマを取り合ったあとの終盤では、残った少ないコマのみで勝負しなければなりません。残りのコマとその配置によって多様な駆け引きがありますが、基本的なものを紹介しましょう。

◎クイーンをつくる

「ポーン」は最も戦力の弱いコマですが、相手陣内の最も深い位置（一番端）に到達すると、別のコマに変わることができる唯一のコマでもあります。将棋で「成る」と呼ばれている状況と同じでチェスでは「プロモーション」と呼ばれます。「ポーン」がプロモー

図4-6　フォーク

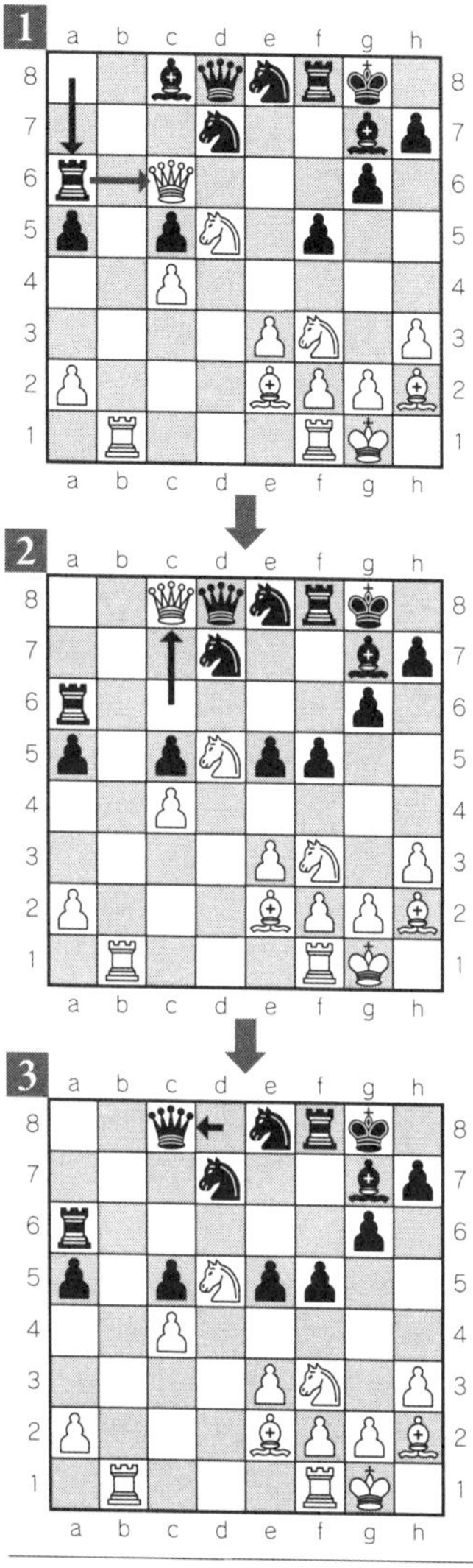

1 白クイーンを取るために黒ルークが前進。

2 白クイーンは黒ビショップを取って前進。

3 黒クイーンが白クイーンを取る。白はクイーンを取られて大きなダメージを受けたかに見える。

4 後方に構えていた白ナイトが前進、黒クイーンと黒キングにフォークを決める。
(ナイトは2つ進み、さらに横に1つ進む動き)

(渡辺暁著『ここからはじめるチェス』より)

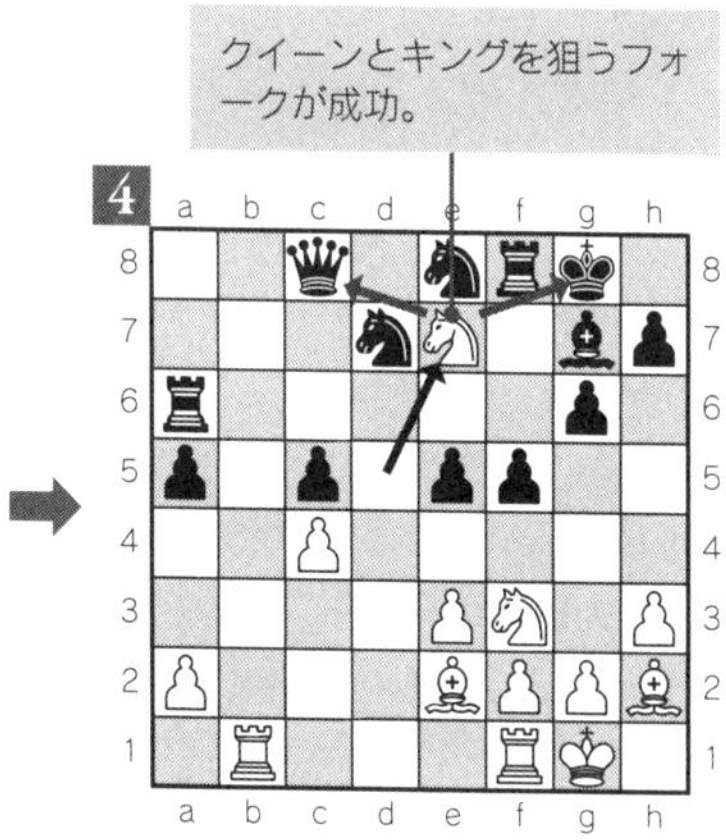

ションするコマは「キング」以外で自由に選べますが、大抵は最も動きの自由度が高い「クイーン」に変わることが選択されます。試合を決めにかかりたい終盤で「クイーン」が増えることは非常に大きな戦力になります。「ポーン」を終盤まで慎重に活かしておくことは大切ですし、反対に、相手の「クイーン」や「ルック」などにばかり注意して「ポーン」を侮っていると、最後に痛い目に遭います。

◎キングの活用

チェスではゲームの終盤に近づくと、互いがコマを取り合った結果、残りコマがわずかという状況がしばしばあります。その場合、相手のコマが減っている分、「キング」への攻撃が手薄になりますので、本来は安全な場所に逃がしておくべき「キング」を攻守両面にいかに活用するかがポイントになります。1マスずつではありますが、前後左右に自由に動ける「キング」の特性を最大限に活かします。

図4-7は「キング」と「ルック」が連携して相手を追い詰める手の一例です。まず「白ルック」がタテの進路を監視し、「黒キング」の左方向へのディフェンス参加を牽制します（❶）。次に白は「キング」を前進させ「ポーン」を進める体制をつくりますが、これに対して「黒ルック」が（その都度、左右に移動しながらタテの動きで）常にチェックしてきますので、「白キング」は「黒ルック」に狙われない位置を移動し続けていきます（❷）。

図4-7　キングの活用

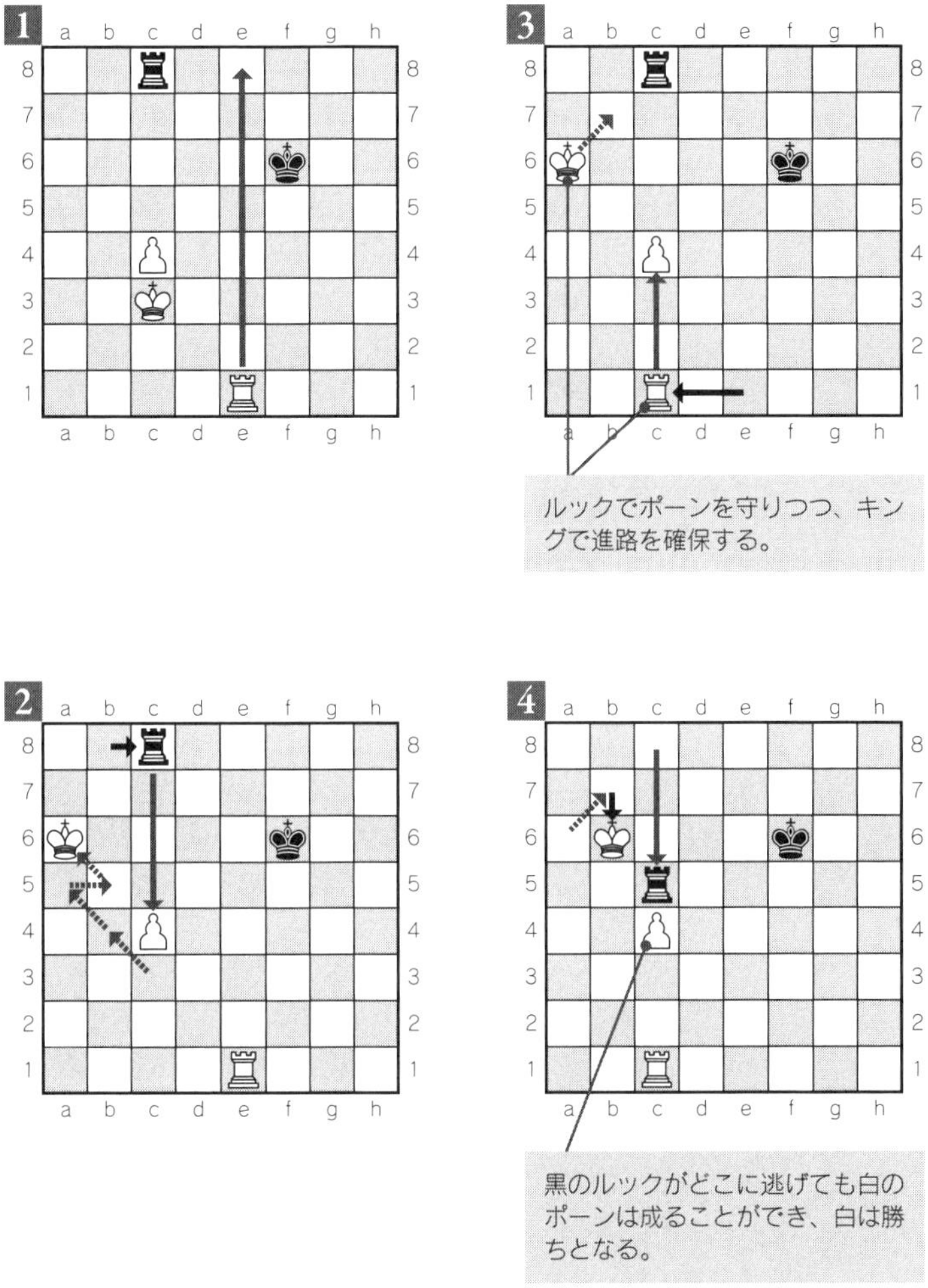
1
3
ルックでポーンを守りつつ、キングで進路を確保する。
2
4
黒のルックがどこに逃げても白のポーンは成ることができ、白は勝ちとなる。

（渡辺暁著『ここからはじめるチェス』より）

次に、それまで「黒キング」の動きを監視していた「白ルック」を「白ポーン」の後方に移動させ、「黒ルック」の「白ポーン」に対する反撃を監視させます。同時に「白キング」はナナメの動きで「黒ルック」を牽制し続けます（3）。

黒は「キング」を左に移動させ「ルック」を前進させるなどして反撃してきますが、「白ポーン」と「白ルック」、さらには「白キング」の守備範囲にも牽制されます（4）。

「黒ルック」は右方向への回避は可能ですが、そこで安全を確保している間に「白ポーン」は「キング」と「ルック」に援護されている位置を前進し、「クイーン」にプロモーションすることが可能になります。「白ポーン」が「クイーン」にプロモーションすれば、戦力の差は歴然となり、白が勝利します。

●カウンター的思考回路で展開を読み合う

チェスは交互に手を進め合う競技です。もちろん、常に自分が先手を取って勝負を仕掛けていくという面もありますが、いっぽうで、相手の出方に応じて自分の対応を変化させていくという要素が色濃くあります。相手の策を見極め防御しながら、返す手で攻略していくという意味では、チェスもカウンターアタック的な思考回路が重要な意味を持つ競技ということもできます。

チェスの試合の駆け引きの中で、どういうタイミングが積極的な攻撃を仕掛けるきっかけになるのか、という質問に対して渡辺さんは次のように非常に興味深い回答をくれました。

「チェスではお互いが最善を尽くすという前提で先の展開を読んでいきますが、その流れの中で自分の読みでは最善ではないと思われる手を相手が指してきたとき、そのタイミングが、こちらがゲームの主導権を握るチャンスととらえることがあります」

つまり、チェスには一手ごとにロジックとしての指し手があり、こちらが一手を打ったあとに当然、相手の立場で「打つべき手」があります。しかし、そこで相手が判断を誤り、その「打つべき手」を打ってこないとき、自分が有利な状況であれば、そのいわば〝敵失〟で得たチャンスをアドバンテージの拡大につなげ、また、自分が不利な状況であれば、それを反撃のきっかけづくりにつなげるのです。

これは、例えばサッカーで、ここにタテパスを通されたら危険だと感じているときに、相手がそれをせず、ムダなヨコパスをつないだときと似ているかもしれません。そのおかげでこちらは守備の陣形を整え、こちらが意図した形に追い込んで守ることが可能になり、カウンターを仕掛けることができるのです。要は、その相手の不用意なヨコパスを〝敵失〟と察知し、反撃に結びつける思考回路が機能するかどうかです。チェスも同様で、相手の失策をいかに迅速にこちらの攻撃に結びつけるかどうかがカギになります。

また渡辺さんは「相手がしっかりと布陣を固めることなく、強引に「キング」を狙いにきているときも、こちらの反撃のチャンス」とも語っています。これもボールゲームの展開と共通するものです。相手の守備を崩す仕掛けがないままに強引にゴールに向かう攻めは安易にストップされやすく、また、ストップされたあとは周囲の援護態勢が整っていないために、容易に相手のカウンターを受けることになります。いずれも相手が甘い手を指してきたチャンスを見逃さずにとらえて反撃するという視点です。

もちろん、チェスでよい戦略とされるのは、スペースを取ってコマを動きやすくし、コマどうしの協力関係をうまくつくって「駒得」や「キング」への攻撃、あるいは有利な終盤戦に持ち込むなどのアドバンテージを獲得することです。その意味では、ボールゲームのチームが自らイニシアチブを握る中から多様な攻撃を仕掛けていくことを理想とするように、チェスにもチェスのロジックに基づく最善のゲーム展開があり、チェスプレーヤーたちは常にその実現を目指しています。

しかしそのいっぽうで、全日本チャンピオン経験者の渡辺さんが、勝負どころとして挙げてくれた二つのポイント、つまり相手の拙攻の中にある隙を利用すること、また、相手のバランスを欠いた強引な攻撃の中にある乱れをつくことが、いずれも相手の動きを見極めてからの反撃、つまりカウンター的な視点であったことは、非常に興味深いと思います。

4

オセロとカウンターアタック

オセロは老若男女多くの人に親しまれているボードゲームです。タテ・ヨコ8マスずつ計64マスの正方形の盤上に対戦者が白と黒の石を交互に置き合います。自分の石で相手の石を挟むと相手の石が裏返って自分の色に変わります。最後にどちらの色の石が多く置かれているかで勝敗を競います。オセロは19世紀ごろから英国で親しまれている「リバーシ」と呼ばれるゲームに原型があり、日本にも明治時代に伝承され「源平碁」などと呼ばれました。

リバーシを原型とするゲームが「オセロ」として広く親しまれる形になったのは、長谷川五郎・日本オセロ連盟会長の業績によります。長谷川氏は戦後まもなく、学生時代に自らの趣味としてリバーシをアレンジしたゲームを創作しました。その後、それは曲折を経て1973年、玩具メーカー「ツクダ」（現在は「メガハウス」に事業譲渡）から「オセロ（Othello）」という商標で発売されるに至ります。「オセロ」という命名は、高名なシェイクスピア悲劇から引用したとのことで、敵味方が寝返りを繰り返すストーリーが、互いに石を裏返すゲーム進行に通じることがヒントになったそうです。

オセロは、状況によっては片方の競技者の「パス」によって同じ競技者が続けてプレーすることもありますが、基本的には対戦者が交互に手を打ち合うゲームなので、必ず相手の動きを見極めてから自分が次にどう動くかを決めていかなければなりません。その意味で、打つ手は必然的にカウンターアタック的視点から構成されていくことになります。特にオセロの場合、自分の打つ手は必ず相手の石を裏返して自分の色に変えていく作業になるので、まさにカウンターアタックで自分の陣地を広げていくというイメージが当てはまるゲームといえるでしょう。

オセロは64マスある盤の中央に黒白二つずつ計四つの石を置いた状態から開始しますから、試合開始時に残されたマスの数は60です。チェスのように「コマを取る」あるいは将棋のように「取った駒を自分の手元に置いて活用する」ということがなく、オセロでは60のマスが順次、埋められていきます。そのため、必然的に競技者一人につき指し手が30手に限られ、互いに30手ずつ打ったところでゲームは終了します。また、競技者に与えられる制限時間は一人20分です。機械的に割り振るなら、一手につき40秒しか考え、判断する時間がありません。必要以上に時間をかけて考えてしまうと最後に「時間切れ」で敗退することもあるので、短時間での的確な戦況判断が必要になります。

さて、このオセロでゲームを有利に進めるために最も大切なこととは何でしょうか。世界選手権準優勝、全日本選手権優勝など数々の輝かしい戦績を誇り、日本オセロ連盟公認指導者でもある中島哲也氏は次のように語ります。

「オセロはゲームの進行につれて石を置く場所が限られていきますが、普通、相手の一手に対して、こちら側では3～4手ほどのバリエーションの中から対応する手を考えていきます。チェスや将棋に比べると、選択肢の幅は狭いと思います。ですから、コンピュータの解析が一般化した現在、ある手を打ったら次にどのような展開になっていくかという確率上の計算がかなりの程度まで進んでいて、その中から石の置き方のパターンのようなものも提示されています。それらは、かなりのところまで記憶が可能なものですから、しっかり記憶してそれに従って進めていけば、あるところまでは負けずにゲームを進めていくことができます。しかし、本当に面白いのはその先です」

「コンピュータによる研究、解析は確率論で導かれたものですから、対戦者が互いにそのパターンに忠実に従っていけば、極端な話、最後は引き分けにならざるを得ない、とも考えられます。しかし、引き分けになることを受忍しつつゲームを進めることは勝負の興味を半減させますし、ましてや自分の知略、戦略を駆使する喜びもありません。そこで、あるレベル以上の競技者は、確率論に基づいた定石に従ってゲームを進めつつ、どこかのポイントでそれを外れて、独自の戦略に基づいた手を打つということです。それが中島氏の言う「その先」です。それは、危険を承知でリスクを含んだ手を打つということでもあり、いうなれば、攻撃の「仕掛け」とも呼ぶべきものです。

例えばサッカーの場合、どういう状況でどのようにパスしてボールを動かすべきか、ということについては、かなり詳細に原則的なプレーが定まっています。その原則に忠実に従うことで、いわゆる「ポゼッション」と呼ばれるボール保持の優位性は確保されます。ただし、サッカーはボールを保持し続けることだけでは勝てず、ボールを保持する中からいかにしてシュートに持ち込み点を取るかが最も重要です。ですから、ポゼッションからシュートに持ち込むには、ボールの保持を失う覚悟を伴うプレー、ミスするリスクを負うプレーを「仕掛けて」いくことが必要になります。

オセロの上級者の勝負もこれに似ていて、定型の指し手の中から定石に従わない独自の戦略による手を用いる「仕掛け」を行い、相手の判断の混乱を誘いつつ攻めていくのです。この「仕掛け」から展開していく戦術は、当然、対戦相手によって内容が異なり、それは競技者によって事前に周到に準備されます。そして、その「仕掛け」をどのポイントで行うか、ということは、競技者のゲームの「流れ」の読み方で違ってきます。ゲームの初期段階から積極的に仕掛けていくこともあれば、ここぞと思ったポイントで仕掛けることもあります。中島さんは「どちらかといえば、私は早めに仕掛けるタイプ」とのことです。

もちろん、上級者はほぼ例外なく、こうした確率論とは別の視点で組み立てられた「仕掛け」から自分の戦術を展開していきますから、互いの戦法がぶつかり合い、こちらの戦術が思惑どおりに機能しないことはしばしばあります。その場合、中島氏によればゲームは「耐える」状況となります。「耐える」とは、「思惑どおりには進んでいない状況から何とか意図した形に近づけようと努力しつつ、相手がミスする機会を待つ」状態とのことです。ボールゲームで、カウンターアタックのチャンスを見つけるために我慢して守備に徹し、相手がリスクを背負った攻撃を仕掛けて隙をつくるのを待つ状態と似ています。

●局面にとらわれず全体を見通す視点が大事

中島氏は「ミスを待つ」と言いましたが、そんなに簡単に上級者がミスをしてくれるのでしょうか。そこには、オセロの特性が関係します。

先ほど触れたように、オセロには制限時間があり、単純計算で一手40秒ほどで決断しつつ進行させなければなりません。そのため、互いに「仕掛け」を行い独自の戦略を展開する中で、一手ごとに裏返る石の数を先読みして計算していきます。もちろん、どのように展開するかは複数のバリエーションがあるわけですから、その中で、それぞれのケースに応じた予測と石数の計算が求められます。さらにそれは2手、3手先を読む中で行われますから、一度、裏返った石が再び裏返り、さらに裏返され、といった状況の変化の中での予測値となります。それを短時間に行うために、計算ミス等の狂いが出てくるわけです。

中島氏によれば、そうしたミスが出てくるのは全60手のうち40手くらいにさしかかった頃といいます。このあたりをオセロでは「終盤の入り口」と呼ぶそうです。「終盤の入り口」を過ぎると、残された手は双方合わせて10～15手になり、60手までの展開がおおよそ見渡せるようになります。このあたりは勝敗につながる大切な局面なので、本来ならじっくりと時間をかけて判断したいところですが、もともと持ち時間が限られている上に、そこまでの展開で持ち時間を消費しているために、余計に時間をかけて判断できない場合も少なくありません。そのため、読み、石数の計算にしばしば狂いが生じ、それが勝負の分かれ目となるミスになっていくのです。

言い換えると、特に「終盤の入り口」では自らがミスを犯さぬ注意が必要ですが、同時に相手のミスを即座に察知し、それを自分の有利な展開に活用する力が必要です。ボールゲームでも「ここがカウンターアタックの仕掛けどころ」ということが瞬間的に察知できなくては、どんなに守備でよく我慢して耐えていても意味がありません。つまり、我慢して耐えながら、攻めに転じるための状況判断をいかにして的確に行えるか、ということが、ボールゲームのカウンターアタック同様、オセロでも必要なのです。「そのためには局所の展開にとらわれずに、全体の形勢を見渡す視点を持つことが大事です」と中島氏。それは、勝負どころである「終盤の入り口」で最も大切になりますが、そもそもゲーム全般にわたって常に意識すべきことでもあります。

「例えば、オセロでは、四隅に自分の石を置くこと、その四隅の石から連続する形で石を置くこと、これが有利にゲームを進める原則、とされています。それらの位置は相手に挟まれて石が裏返る心配がないからです。しかし、そのように石を置くことは有効な手であっても、あくまで手段の一つであり、最終的に盤全体に自分の石を多く置いて勝利することに結びつかなければ意味がありません。四隅を取ること、そこに続く石を置くことばかりにこだわりすぎていると、別の場所の展開が見にくくなることがあります」

「同様に、ウイングと呼ばれる石の配置があり、これをできるだけ避けなければならないという原則があります（図4－8）。相手に簡単に有利な状況を与えやすい形なのですが、それを避けようとすることばかり考えていると、やはり全体が見えなくなる。ときにはあえてウイングの形になることを容認しつつ、盤の別の局面から有利に展開することを考えることも必要なのです。このように原則論にこだわり、局所の展開に固執することで全体を見通す視点を忘れてしまう傾向が、特に初心者にはあります」

図4-8　ウイングの一例

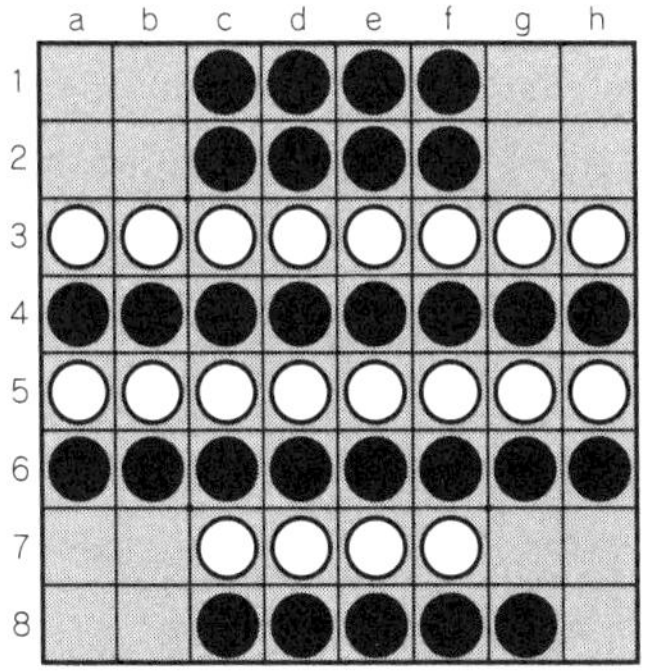

ウイングとは、石が5個並び、一方の端が2マス、もう一方の端が1マス空いた状態。図では黒が8列でウイングをつくっている。

確かにサッカーやハンドボールなど、パスを使うスポーツでも似たような現象があります。パスはゴールを奪うための手段の一つなのですが、ときとしてパスをつなぐこと自体が目的化してしまうことがあります。パスがスムーズにつながり、よい連携が生まれることに関心が集まります。そして、何本もパスがつながったあと、結局、相手にカットされシュートに至らずに終わることがあります。局所にこだわって全体の流れを見失う例の一つといえるでしょう。ボールゲームでもオセロでも、「木を見て森を見ず」ということがないよう注意が必要です。

もう一つ、初心者によく見られる戦術ミスがあると中島さんは言います。

「それは、できるだけ一度に多くの石を裏返す手を選択したがる、ということです。例えば、二つしか裏返せない手と、六つ一度に裏返せる手があったとすると、初心者の方はほぼ例外なく後者を選んでしまいます。そして、六つ裏返して自分の色を増やして有利になったように思ってしまう。しかし、それはその局面でのことで、ゲームの全体の流れにつながらないことが多いのです。なぜなら、オセロは、自分が石を置く場所がなくなるとパス（1回休み）になり相手に連続してプレーさせることになってしまいます。これは大変、不利なことです。だから、いつでも一気に多くのマスを取るのではなく、いい場所を取りつつ、自分があとで置く場所を確保しながらゲームを進めなければならない。そのため、あえて六つではなく二つを裏返すほうを選択することも多いのです」

オセロは、石を置くマスはどこでもいいわけではなく、必ず「相手の石を挟める場所」に置くことがルールです。そのため、自分の番がまわってきて、空いているマスがあったとしても、相手の石を挟めない状態の場合、パスして相手に連続してプレーさせる権利を与えることになります。ですから、中島さんに言わせると「実は、自分の石が少ない状態をキープし、空いたマスを確保しつつゲームを進めるほうが有利」ということになります。

サッカー、ハンドボール、バスケットボールなど、パスが大切な役割をするスポーツの場合、「ここでパスを受けると有利」というスペースが見つかったときに、先にそのスペースに入ってからパスを受けることは必ずしもよいプレーではありません。それは、そのスペースに移動したあとにパスが送られることで、ボールを受けるときには結局、相手選手に察知されてマークを受けやすい状態になってしまうからです。

同じパスの受け方でも、そのスペースにはあえて入らずに空けておき、別の場所からそこに走り込む瞬間に合わせてパスを送ってもらう、という方法があります。この方法を使えば、そのスペースに侵入したときには走っている勢いがあり、相手に察知されたとしても、動きながらのプレーのために防御されにくく、スペースに入ってパスを受けたときには有利な状況がつくれるのです。このように、スペースがあってもあえて空けておき、しかるべきタイミングにそこに走り込んでパスを受けてプレーする、という方法がスペースの活用法としてはより優れています。この点は、まったくオセロと共通します。

そもそもボールゲームのカウンターアタックは、こちらが守勢を見せることで相手が積極的に攻撃に出てくるプレーを誘い出し、その間に相手の後方のスペースが空くことを前提としています。石を置けるマスをあえて空けつつゲームを進行させ、ここぞというときに一気にマスを埋めるオセロの戦略は、このカウンターの概念と共通する部分が多くあると感じます。目前の局面の有利不利にとらわれるのではなく、勝負を仕掛けるべきときに一気に自分の形をつくるために、慌てず少しずつ着々と手を打っていく。大切なことは、勝負どころで攻撃のための十分なスペースが確保されているかどうかであり、そのためにはムダにスペースを埋めることは避ける。まさにカウンターアタックにおけるスペース確保の考え方と共通しています。

第5章

戦史に見るカウンターアタック

1 戦いを制する知略、攻略の実際

社会学者のロジェ・カイヨワ（1913〜1978年）は、人の心理を「遊び」という切り口から分析し、アゴーン、アレア、ミミクリー、イリンクスの四つに分類しました。このうちアゴーンは人が競争、闘争の形式を追究する心理の根源とされています。カイヨワによれば、アゴーンは自分が優れていることを認めさせたいという願望の下、熱心な努力、勝利への意志などに支えられるため、さまざまな競争行為、スポーツなどに応用されていくとしています。それはときとして暴力、権力などへの傾倒にも通じ、戦争もそうした心理の延長上に生じるとする説もあります。

フロイトは、人の攻撃性を内的な衝動という切り口から分析しています。私たちには生来、攻撃的衝動が内在しているとするのです。そしてこの衝動は、何かを破壊したり、相手を攻撃することを「快」と感じ、満たされていく性質があるとしています。

フロイトは、この攻撃性は「死の本能・タナトス」から派生したものと位置づけました。死の本能とは、私たちの心理には生来、自己そのものを破壊したいとする衝動が存在するという視点に基づくものです。この視点は、人間の究極のホメオスタシス（平衡状態）は生前の無垢の状態にあるとする理論から導き出されています。私たちは、この自己破壊の衝動が実際に発動しないよう、それを絶えず外部に向けて発散していかなければならない宿命にあり、それが他者に向けた破壊、攻撃という形で示されることがあるというのです。そのため、フロイトは人間から争い、戦いを排することは不可能であるとしました。

そうした本能的な攻撃性を解消するために、私たちはさまざまな代償行動をしているとする説もあります。一時、カタルシス（浄化）という概念が浮上し、スポーツに参加すること、あるいは観戦することで、疑似闘争が経験され、そこで攻撃的な心理が解消されると解説されました。しかし、その後の研究で、スポーツへの参加、観戦は必ずしも攻撃性を解消することはなく、むしろ攻撃性を促進することが多いという結果も示されています。

ゴールドスタインらの分析（１９７１年）では、アメリカンフットボール観戦後の観客が、観戦前に比べて攻撃的な心理を昂進させたことが示されています。ゴールドスタインらはさらに、オリンピックに派遣した選手団の人口比に対する規模の大きさと、その国が国際紛争に関わった頻度との間に相関関係があるという興味深い分析結果（１９８３年）も示しています。スポーツに熱心な国ほど、他国との争いも頻繁だというのです。フィリップスとハンスレーの研究（１９８４年）では、プロボクシング・ヘビー級タイトルマッチの放送後に、殺人事件が増加することが報告されています。

どうやら私たちには、好むと好まざるとにかかわらず、生来、他者を攻撃するための属性が潜んでいるようです。有史以来、紛争、戦争が絶えたことのない事実は、残念ながらそれを証明しているようです。

さて、スポーツはしばしば戦闘に置き換えて語られます。ルールの下、身体の安全が最大限保護される環境で、規定の試合時間、あるいは規定の点数を争う間だけ限定的に競われるスポーツと、あらゆる手段を講じて殺傷、破壊が行われる戦闘行為とでは次元が異なりますが、対戦相手を攻略するために心身の限りを尽くすという意味では共通項があります。そのため、古来、戦闘で実績を挙げた人々が残す戦いの「教訓」は、スポーツの勝負、あるいは会社組織の経営戦略などにも広く活用されてきました。ここでは、そうした人間の戦闘行為の歴史、記録の中から、対戦相手に対する攻略法に着目し、そこにカウンターアタック的視点、方法が隠されていないかを探ってみたいと思います。

最初に採り上げるのは、軍隊どうしの戦闘における戦術、戦略を説いた古典に記されている教訓です。軍を率いて戦いを制するために必要な視点をまとめた名著として知られる『孫子』と『戦争論』から、戦いを指揮する上での極意を探っていきます。「彼を知り己を知れば百戦殆うからず」など、『孫子』に書かれたメッセージは、現在でも数多く引用されていますし、『戦争論』は戦争そのものを論理的に解釈し、戦略や戦闘を俯瞰した立場からとらえ分析しているため、その視点は現代でもさまざまな分野で活用されています。軍隊という人、物が複雑に絡み合う集団を機能的に動かし、損害を抑えて効率的に戦いを制するために、カウンターアタック的な視点がどのように活用されているのかを見ていきます。

2 『孫子』が示すカウンターアタック

軍事戦略やスポーツの戦略を語るとき、しばしば『孫子』が引き合いに出されます。『孫子』とは、紀元前約500年、春秋時代の中国で編纂された兵法書です。編者は当時の強国・呉に仕えた将軍、孫武とされています。

『孫子』は項目別に13編から構成されています。最初の3編（計、作戦、謀攻）は戦闘に入る前の準備について、次の3編（形、勢、虚実）は戦いを有利に進めるための体制づくりについて、続く7編（軍争、九変、行軍、地形、九地、火攻、用間）は具体的な戦闘方法についてまとめられています。戦闘をその場しのぎの運任せで行うのではなく、事前に彼我の戦力、情勢、地形、戦法などを十分に分析し、戦局に応じていかに適切な行動をとるかが肝要という点を論理的にまとめたという部分で、『孫子』は歴史に名を残す書となりました。

『孫子』は、その後の中国の代々の皇帝のみならず、約2500年の時空を超えて古今東西、多くの人々に影響を与えています。よく知られたところでは、日本の戦国武将、武田信玄が掲げた「風林火山」の概念も、『孫子』から借用されたものです。現代でもその概念をビジネスの戦略に応用する経営者は少なくありません。

ここでは、その孫子の兵法の中で語られている戦略のうち、武道の「後の先」やボールゲームのカウンターアタックに通じると思われるものをピックアップしてみます。なお、『孫子』の通釈については、天野鎮雄著『新釈漢文体系36　孫子・呉子』（明治書院）を参考にさせていただきます。

●まず守備を固めること

武道の達人たちも、ボールゲームの指導者たちも、相手の攻撃に対して効果的な反撃を行うためには、まず堅固な守備を整えておくことが肝要と異口同音に強調していました。守備の大切さについて触れている項目を拾ってみます。

「善く戦うものは、まず勝つ可からざるを為して、もって敵の勝つべきを待つ。勝つ可からざるは己に在り。勝つ可きは敵に在り」

勝つべからざる、つまり絶対に（相手が）勝つことのできない、隙のない方法をまず整えなさい、と言っています。強い守備を固めることが第一ということです。自分が勝てるように相手を動かすことはできないが、絶対に相手に勝たせないようにしておけば、いずれ状況に応じて勝機を見いだすことができる、というのです。堅守から相手が攻撃の中に見せる隙を突くという、カウンターアタックの視点に通じます。

「攻めてかならず取るは、その守らざるところを攻むればなり。守りてかならず固きは、その攻めざるところを守ればなり」

相手の守備が手薄のところを攻めるから攻撃がうまくいくし、反対に、守りきろうと思えば、相手を攻めにくい態勢に追い込むことである、と言っています。巧みな攻撃とは、相手の守備の弱点を突くものであり、また、堅固な守備とは相手に弱点を悟らせず、どこを攻撃すれば効果的かを察知させないものであるとしています。

武道では、相手が窮して無理な攻撃に出てくるような状況をつくることで、こちらの狙いどおりの反撃ができる、と語られていました。ボールゲームでも、こちらが意図した守備の陣形に相手を追い込むことで、カウンターアタックが巧みに仕掛けられました。いずれも、まず相手が意図したとおりの攻撃ができないように仕向けていく守備が肝要でした。そうした戦術を実行するために、自他の「守らざるところ、攻めざるところ」を的確に察知することは重要なのです。

●戦況を冷静に把握し相手を欺く反撃をする

武道でもボールゲームでも、懸待一致、すなわち攻撃の中に守備があり、守備の中に攻撃がある、という概念が共通していました。そして、その攻防の中で相手を制するためには、守備から攻撃に切り替わる刹那のチャンスをいかに迅速かつ的確につかむか、ということが重視されました。『孫子』でも「機を見る」ことの大切さは強調されています。

「勢とは利によりて権を制するなり」

ここで「権」と示されている語には、現在の日本語でいえば「場に応じた適切な処置」というような意味が込められているようです。適切な判断を適切な形で活かすことに対して、しかるべき勢いがつき、それが適切な結果につながっていく、と語られています。タイミングをとらえる「勢い」は大切なのですが、それはただ時間的に早ければよいのではなく、それを活かすべき状況と合致して初めて効果が出るとしているのです。

カウンターは「堅守速攻」などとも表現されますが、速攻を仕掛けるためには、その「仕掛けどき」を的確に察知し、そこでどのように動くべきかという戦術眼を、チーム全体が共有しなければなりません。ハンドボールでは、カウンターのパスを繰り出す最も適切なタイミングに対して〝際〟という表現が使われていました。この〝際〟がいかなるものかを理解することも、『孫子』のいう「利による」ことになるのかもしれません。

「**能にして之に不能を示し、用にして之に不用を示し、近くして之に遠きを示し、遠くして之に近きを示す**」

できるのにできないように見せかけ、近いのに遠く、あるいは遠いのに近くと思わせる。つまり相手にこちらの意図を読まれないこと、常に相手の予測のウラをかくことが肝要と言っています。

武道では、あえて相手が攻撃したくなるような、隙があると見せかけた体勢づくりをして相手の攻撃を誘い出し、そこに返し技を決める、という方法がありました。ボクシングでも、最もパンチが決まりやすいのは、相手が攻め気になってパンチを打ってきた直後ということでした。ボールゲームのカウンターも、相手が攻撃一辺倒になって守備のバランスを崩しているときに最も効力を発揮します。常に攻守両面にバランスのとれた意識が行き渡ることが理想なのです。

「**上兵は謀を伐つ。その次は交を伐つ。その次は兵を伐つ。その下は城を攻む**」

巧みな戦い方をする指揮官は、まず相手の策略を見抜こうとし、次に相手の同盟、連携を断とうとし、次にようやく兵どうしの戦いに移行する。相手の陣内（城）に攻め入ることは最も不適切な戦略である、と言っています。この言葉の前段では、戦いに勝っても味方に損害を与えてしまうことは可能な限り避けなければならないということが強調されています。

可能な限り実戦による損害を避けるべき、とする教えですが、やむを得ず戦う場合には常に先手、先手を取り、なるべく相手の戦力が不十分な状況をつくっておいて戦うことが肝要と解釈することもできます。そのためには「謀を伐つ」ために、情報戦から十分なエネルギーをつぎ込まなければなりません。

剣道では「気で先を取る」ことが肝要とされていました。それは、事前の情報の入手も含めて、多様な対応力を整えておくことでした。合気道の極意は、戦う前に戦いそのものを納めてしまう「和合」でした。ボールゲームでも、まずスカウティングで相手の戦力を十分に分析することがゲームプランの構築には必要でした。

「およそ戦いは、正をもって合い、奇もって勝つ」

戦いはまず正攻法で開始されるが、勝負が決するときは意外な方法が効果を発揮するもの、と言っています。戦術は、基本的なものと、思いもよらないものの二つに大別できるのですが、その二つを組み合わせたあとに生まれる応用の戦術は無限に生まれてくるとしています。

それは、あたかも色や味の取り合わせと同じで、組み合わせ次第でいかようにもアレンジできるのです。ですから、戦いの巧みな者は、それをまるで四季が巡るように、月日が交互に昇るように、無尽蔵に生み出すとしています。

ハンドボールでは、3－2－1のシフトでカウンターを狙ういっぽうで、6－0や4－2のシフトで戦う臨機応変なシフトチェンジが求められていました。サッカー日本代表のザッケローニ監督も4－2－3－1のフォーメーションを基本としながらスコアや試合展開に応じて3－4－3に応用する試みを繰り返しています。バスケットボールでは、ファストブレイクができなかったときに走力を活かしつついかに新たな攻撃に切り替えていくかが求められていました。基本と応用の的確な使い分けは戦略的な視点の養成に不可欠です。カウンターをいつ、どこで仕掛けるのか、その判断と決断はまさにこの能力にかかっているのです。

「夫れ兵の形は水に象る。水の形は高きを避けて下きに趨き、兵の形は実を避けて虚を撃つ。水は地によりて流れを制し、兵は敵によりて勝ちを制す」

水が周囲の状況に合わせていかようにも形を変化させるように、軍もその場に応じた形態をとり、その場に応じた戦い方を選択しなければならないと言っています。戦いで肝要なことは、相手が充実している部分を攻めるのではなく、相手の不十分な部分を巧みに攻めることだ、と言っています。

空手の中達也師範が、空手の攻防では虚実の駆け引きが重要であり、いかに自分が実となり相手が虚となる瞬間をつくるかが大切と語っていました。ボールゲームでも、相手が攻撃一辺倒になっているときこそ、守備が手薄になる「虚」の瞬間ができるのでした。サッカーのケーススタディーでは、守備のバランスが崩れたバイエルンに対して、守備ラインの整ったインテルがわずか2～3人の選手で巧みに攻略した例が示されました。相手の不備を的確に利用できるとき、すなわち「敵によりて」勝つことができるのです。

「辞卑くして備えを益すは、進むなり。辞強くして進駆するは、退くなり。（中略）半ば進み半ば退くは、誘うなり」

弱気の発言をして保守にまわっているように見える相手こそ、実は攻めてくる策を秘めている。強気の発言をして攻撃的になっているように見せる者ほど、実は逃げていく意図を持っている。相手が進んだり退いたり中途半端なそぶりを見せるときには、攻撃させるように仕向けて待っている、と言っています。つまり、表面的な事象に目を奪われて浅薄な判断を下すことなく、奥に隠された真意を深く読み解いて戦えと説いているのです。このあと、孫武は敵の兵や軍師の動きにまつわる数多くの事例を列挙し、それが真に意味することを解説しています。

相手に自分の意図を悟らせず、誤った判断を誘発することは、武道でもボールゲームでも重視されています。武道では、相手が「打ち込める」と判断して攻めに転じてきたときこそ、こちらに最も効果的な反撃のチャンスが生まれるのでした。ボールゲームでも、自陣に引いて相手に攻めさせているような形勢であっても、それはカウンターを狙うための「誘い」であり、反撃するためのスペースを空けさせる「仕掛け」であるケースもありました。カウンターアタックは孫子で「誘うなり」とされている状況を活用する戦法ということもできます。

「故に兵を為すの事は、敵の意に順詳するに在り。敵を一向に併せて、千里にして将を殺す。（中略）始めは処女のごとし、敵人戸を開く。後は脱兎のごとし、敵拒ぐに及ばず」

まずは相手の策略どおり戦わされているように振る舞い、その間に相手の意図をしっかり見抜いておく。相手がうまく戦えていると勘違いして一気呵成に攻め込んできたときに、万全の態勢で迎え撃ち、千里を駆けつけるような迅速さで相手の将を伐つ。いかにも大人しくしているように見せておけば、相手は油断する。その隙を見て、うさぎのようにすばやく攻め込めば相手は防御できない、と言っています。

あえて隙をつくるような「仕掛け」は武道でも格闘技でも活用されます。ゆっくりした動きから急にすばやい動きに切り替える「緩急の変化」は、ボールゲームで相手のマークを振りきるプレーとして日常的に使われています。「後の先」の科学的分析の項で「心理的不応期」を採り上げました。これは、相手の「予測」と「構え（準備）」とは異なる動きをつくることで、先手を取って動くことでした。意表を突くという要素は、常に「敵拒ぐに及ばず」なのです。

「故に善く敵を動かすものは、之を形すれば敵かならず之に従い、之に予うれば敵かならず之を取る。利をもって之を動かし、詐もって卒に之を待つ」

巧みに相手を動かすためには、あえて隙を相手に見せて誘う場合がある。相手はそれに乗じて何らかの動きを示す。相手が求めているものをあえて与えて、誘う場合もある。こうして相手が動かざるを得ないような状況をつくって誘い込み、急襲する機会をうかがうことが大切、と言っています。相手が「利」と思い込むような「詐」を仕掛けるのです。

バスケットボールの「ディレクション・ディフェンス」は、相手がどうしてもそちらに行かざるを得ない体制をつくり、誘い込んで奪う守備でした。バレーボールでも、あえてブロックを一部分空けて、最もレシーブの得意な選手の方向にアタックさせるという戦術がありました。いずれもカウンターアタックのための伏線でした。将棋では、あえて相手の主戦力の一つである「飛車」の攻撃を許す戦術がありました。危険をはらむ決断ですが、「飛車」

が攻撃に専念することで守備ができなくなり、その隙に「王将」の攻略を狙うのです。いずれも「詐をもって之を待つ」方法です。

●反撃に転じたら手数をかけずにすばやく

相手を制する機をつかんだら、そこで一気に勝負を決めるということは、武道でもボールゲームでも共通していました。特にボールゲームでは、相手守備が整わないうちにシュート、あるいはアタックに持ち込むことが肝要であり、それが日本選手が世界で戦うための重要なポイントとされていました。攻めの速さを重視している項目を拾ってみましょう。

「其の戦いを用うるや、勝つも久しければ、則ち力屈す。（中略）智者有りといえども、其の後を善くする能わず。故に兵は拙速を聞く。いまだ巧の久しきを睹ざるなり」

有利な戦闘であっても、戦いが長引くほどに消耗するものである。いくら巧みな司令官が指揮して過酷な戦いに勝利したとしても、長期戦になって疲弊してしまった状況を簡単に復興することはできない。だから、チャンスをつかんだら迅速に攻めきることが大切である、と言っています。

あらゆる勝負事で「勝機」を的確につかむことは肝要です。サッカーでは俗に、「攻め疲れ」という表現が使われることがあります。固く守った相手に対して、いろいろな方法で攻めるものの一向にゴールが奪えず、あの手、この手と攻撃パターンを駆使しているうちに、攻めることに疲弊してしまう状態をいいます。大抵の場合、そのような状態を呈したチームは、漫然とした攻撃になった隙に相手のカウンターアタックで失点するものです。

なお、ここで引用されている「拙速」という概念については、最終章で元防衛大学校教授・西村繁樹氏による解説がより詳しく紹介されていますので参考にしてください。

「故に兵は勝を貴びて、久しきを貴ばず」

戦いはあくまで勝つことが目的で、なるべく長引いて消耗戦にならないほうがいい、と言っています。戦闘が長引くほど損害と死傷者が増えますから、当然、早く決着をつけることが大切です。この語に続けて孫武は、それができる司令官が「国家安危の主なり（国家を安泰にするリーダーである）」と言っています。

試合時間の決まっているスポーツでは、戦い方によって試合時間そのものを短縮することはできません。しかし、一度の攻撃に費やす手間、手数をシンプルでスピーディーにまとめることはできます。また、格闘技などでは、なるべくダメージを負わないような戦い方を心がけることはできます。

「善く戦うものは、その勢険に、その節短なり」

戦いが巧みな者はチャンスに一気呵成に攻めきることができ、そのときの爆発力のレベルが高いと言っています。それらをたとえて孫武は、せき止められた水が一気に押し寄せる様、あるいは猛禽類が小鳥を襲う様を挙げています。適時に備えて攻撃力を蓄えることを、石弓を引き絞り、最も反発力が大きくなったタイミングでそれを解き放つ様にたとえています。チャンスを察知すること、そこで集中して力を発揮することは、勝負事の王道です。チェスやオセロで、終盤の緊迫した勝負どころではミスが命取りになると同時に、その相手のミスを絶対に逃さず攻略していく察知力、決断力が求められていました。それはまさに、カウンターアタックの仕掛けどきをチーム全体で察知し、一糸乱れずに決断、実行していく流れと同じです。それが実行できる競技者が「善く戦う」者なのです。

「勢に任ずる者は、其の人を戦わしむるや、木石を転ずるがごとし。木石の性、安なれば則ち静かに、危なれば則ち動き、方なれば則ち止まり、圓なれば則ち行く。故に善く人を戦わしむるの勢、圓石を千仞の山に転ずるが如きは、勢なり」

戦いに巧みな者は、勢い、流れというものを大切にする。一気に勝負を決めきる人の戦い方は、まるで木石が転がるように、流れるように進行する。木石は平地では静止しているが、急勾配では転がり、角張っていれば止まり、丸ければ動く、そうした道理を活かすことが大切であり、巧みに戦うとは丸い石を高い山から転がすようなものだ、と言っています。

サッカーの南アフリカW杯で披露されたカウンターアタックでは、ボールを奪ったあとに関わった選手の数、平均2・4人、つないだパス平均1・7本でゴールを奪っていました。見事な攻撃とは、淀みなく流れるように進行するものです。

「兵の情は速やかなるを主とす。人の及ばざるに乗じ、慮らざるの道に由り、その戒めざるところを攻む」

これは、前段で「敵軍が大部隊を構え、まさにこちらに攻撃を仕掛けてこようとしているとき、どのように対処したらよいか」と問われたことへの返答として書かれています。孫武は、兵は誰でも戦いを早く終結させたいものだから、気がついたときには「手遅れ」という状況にすればよい、つまり、戦意を喪失させることが肝要としています。そのためには、相手が思いもよらない方法で意表を突き、相手の警戒が手薄なところをスピーディーに攻略すべきだ、と言っています。

サッカーではときどき、退場者を出して選手の数が少なくなった劣勢のチームが得点を挙げることがあります。それは、試合が次のような流れになることが多いからです。すなわち、退場者を出したチームは通常、攻撃の選手を減らして守備のバランスを確保します。いっぽう、対戦チームは、相手の攻撃の選手が減った分、自分たちの守備の選手を減らして攻撃の人数を増やすシフトに変化させます。こうして一方が攻撃中心、一方が守備中心という流れになる中、人数が足りないほうのチームが起死回生のカウンターアタックをしかけたとき、人数が多いことで守備意識が薄れているほうのチームが緩慢な守備をしてしまい、失点するのです。これはまさに「慮らざるの道に由り、その戒めざるところを攻む」という形ではないでしょうか。

3 クラウゼヴィッツに見るカウンターアタック

カール・フォン・クラウゼヴィッツの『戦争論』は、孫武の『孫子』と並んで兵学の名著とされています。クラウゼヴィッツは16〜17世紀に活躍したプロイセンの軍人で、ナポレオンとの戦争に参加、一時フランスに捕虜とし捕らえられる経験をしたことから、プロイセンの軍事の充実を期して戦争の戦略、戦術を論理的、実証的に研究しました。1831年、クラウゼヴィッツは世を去りますが、彼の妻マリーがその研究結果を編纂し、翌1832年

『戦争論』として発表しました。

『戦争論』では弁証法的視点に基づき、論理的、体系的に戦争における軍事行動が分析されていますが、クラウゼヴィッツが導き出した原理、原則を説明するものとして、紀元前の戦争から彼の生きた時代の戦争まで、多くの実例が引き合いに出されています。そのため、それは長らく、理論と実証が伴う指南書として多くの軍人に読まれ、また、現在でも軍事理論の古典として研究対象にもなっています。

『戦争論』で展開される戦略、戦術は、クラウゼヴィッツの時代では先鋭的だったかもしれませんが、彼らが想像だにできなかった威力の武力と殺戮方法が存在する現在では、それは必ずしも最適な軍事理論ではないでしょう。しかし、クラウゼヴィッツの時代は、人と人が直接戦う原初的な方法によって戦争が成り立っていました。ですから『戦争論』で展開されている戦略、戦術は、軍事の戦闘では古典的内容となっていたとしても、人と人とが直接競い合うスポーツの戦略、戦術に関しては、今でも共通して応用できるものが多くあります。

『戦争論』で語られる戦略、戦術、戦史の中から、スポーツにも共通するものに着目し、特にこの本の主旨であるカウンターアタックという視点に共通する事項をピックアップしてみます。

●守勢は攻勢より優れた手段

クラウゼヴィッツは、「守勢は攻勢より優れた手段である」と言っています。防御は受動的であるが強い戦闘方式であり、攻撃は能動的だが弱い戦闘方式である、としています。戦争という相手を制圧する行為の方法論として、守勢が優れた手段とする視点には注目します。

クラウゼヴィッツは、攻撃力を保持し続けることは、新たに獲得することよりも容易であると言っています。攻め続け、その上でさらにより強い攻撃力を増強し続けることは非常に困難だからです。戦闘の最前線では優勢に攻撃していても常に一定の死傷者が出ますし、兵器は破損します。それらを補てんするには常時、後陣から人員、兵器、弾薬の輸送が必要で、食料、水、医薬品も欠かせません。攻撃が前に侵攻するほどにその補給路は長くなり、その分、労力を消費し、また輸送路そのものもゲリラ攻撃等の危険にさらされる回数が増えます。ですから、進軍して攻撃を継続することは、自ら消耗していくことでもあるとしています。

こうした点から、防御に徹して相手の攻撃を受け止めることは、すなわち、相手が自ら消耗していくことを誘う行為と考えたのです。クラウゼヴィッツはこれを「いわば種を播かずして収穫するものである」と表現しています。とはいえ、クラウゼヴィッツは「絶対的な防御は戦争の概念と完全に矛盾する」とも述べています。守勢いっぽうで、そこに攻撃的な要素が含まれていないと、戦力は消耗するばかりになると言っています。

つまり、相手に攻めさせて消耗を誘ういっぽうで、機を見て適切な反撃を加えることなしには効果的な防御は為し得ないというのです。言い換えると、先に攻撃するか、相手の攻撃を受けて反撃するか、戦争にはこの二つしか存在せず、そのきっかけのみが「攻撃」と「防御」を分けているのだと言っています。防御といっても、あくまでとりかかりが守備であるだけであって、攻めさせつつも適時反撃することがあって成立するのが真の防御であるとするのです。

このクラウゼヴィッツの防御に関する哲学は、武道の達人たちが重視する「後の先」と共通する部分があります。特に「後の先」を実践していくために必要な「懸待一致」の概念、すなわち、攻撃と守備は切り離して考えるものではなく、常に裏表の関係にあって、攻めているときに守りに、守っているときに攻めに対応できる能力が大切であるとする考えに通じるものがあります。相手が打ち込んでくるときこそ、こちらが反撃を加えるチャンスであるという視点は、戦いを極めようとする者に共通した概念なのです。

1974年のエピソードです。プロボクシングヘビー級のモハメド・アリは、ベトナム戦争への徴兵拒否によってタイトルを剥奪され、服役のあとカムバックしますが、チャンピオン返り咲きに何度か失敗します。最後のチャンスとして挑戦した相手ジョージ・フォアマンは、KOの山を築く無類のハードパンチャー。早い回でのKOを確信し、自信満々でハードパンチを繰り出すフォアマンに対して、アリは徹底した防御にまわります。当初はフォアマンのKO勝ちは時間の問題と誰もが思っていましたが、ラウンドを重ねるごとに、一打ごとに渾身の力を込めるフォアマンの疲労はたまるばかり。いつしかフォアマンのスタミナは切れ、動きが鈍ります。そして迎えた第8ラウンド、疲れからわずかに甘くなったフォアマンのガードの間隙を縫って、アリの速射砲のようなパンチが打ち込まれ、フォアマンは予想に反してKOされてしまいます。

攻め続けることで自ら消耗してしまったフォアマンに対して、防御に徹しつつ、じっと耐えて好機を待ち、勝負どころで一気に畳み込んだアリの戦法は、数あるスポーツの名勝負の中でも、特にクラウゼヴィッツの防御の論理が正確に実践されたものといえるでしょう。

●常に反撃の恐怖を与える守備の効用

クラウゼヴィッツは、敵将の判断を誤らせた防御の巧みな活用を実証する例として、フリードリヒ大王(1712~1788年)の七年戦争(1756~1763年)における成果を挙げています。

フリードリヒ大王率いるプロイセンはわずか400万人の人口で、8000万人の人口を擁するフランス、ロシア、オーストリア連合軍と戦いました。開戦当初は健闘したプロイセン軍でしたが、次第に戦況は悪化、大王自身も負傷し、撤退とともに専守防衛の態勢をとることとなりました。ここで連合軍に一気呵成に攻め込まれれば、プロイセンは滅亡したかもしれないともいわれます。しかし、フリードリヒ大王が捨て身の反撃に命運を賭ける覚悟をするいっぽうで、連合軍はとどめの攻撃を躊躇しました。

連合軍内でロシアとオーストリアは武勲の評価を巡って内部で衝突を繰り返し、互いに疑心暗鬼になっていました。また、フランスはプロイセンをあと押しするイギリスとの海戦で疲弊していました。そのような状況で、連合軍は一枚岩になれず足並みは乱れていたのです。同時期に即位したロシアのピョートル3世がフリードリヒ大王の力量を認めて戦闘中止を命じたこともあり、大王は防御に徹する中、鋭気を取り戻し、目前の敵オーストリアを返り討ちにしてプロイセンを救いました。

クラウゼヴィッツは「攻撃者の側における誤った見解、恐怖の念、怠慢等に因由する攻撃中止はすべて防御者を利するのである」としています。七年戦争以前のフリードリヒ大王の輝かしい戦果に加えて、七年戦争に突入したあとも、ロスバッハの戦い（22000人の軍勢で5万5000人の連合軍を撃破）や、ロイテンの戦い（兵をナナメに配置した斜行戦法で3万5000人の兵力ながら倍近い数の連合軍を撃破）で巧みな戦術を駆使したフリードリヒ大王の指揮官としての能力は、各国のリーダーに強いインパクトを与えていました。

常に劣勢の軍勢で相手から完勝をもぎ取っていたフリードリヒ大王の実績は、彼が敗走して防御を固めざるを得ない状況にあってなお、相手に「何をしてくるかわからない」という恐怖を与えていました。また、仮に大王が自ら敗戦を認めた上で講和条約を結んだとしても、その後、戦略に優れた大王が連合軍のどこと密な関係を結ぶかによって、自らの立場が危険に晒されるかもしれないという恐れを各国に抱かせました。そんな互いの疑心暗鬼が、追い詰められた大王にとどめを刺すことを躊躇させ、反撃の猶予を与えてしまったのです。

スポーツのボールゲームでも、反撃の恐れのない守備のみに徹底した戦い方は、攻める側に勢いを与え、守備を手薄にしてでも攻撃に厚みを持たせるという決断を導き、一方的な試合展開になる可能性があります。しかし、同じ守備を固めた戦いでも、隙あらばいつでもカウンターを繰り出すという緊張感を保った姿勢を維持すると、攻める側も攻撃ばかりに専念できず、常に反撃に備えた守備を考えながら攻撃を繰り出さなければならなくなります。

あるサッカー監督に面白い話を聞いたことがあります。リードを守って勝ちたい試合の終盤、相手に攻め込まれてコーナーキックを取られたとき、大抵のチームは「リードを死守する」という気持ちで全選手が自陣ゴール前に戻って守ろうとします。その監督は「オレはそういうとき、攻撃の選手を最前線に3人残すのだ」というのです。そのわけを尋ねると、「3人を最前線に残せば、相手は彼らをマークするためにどうしても最低3人のDFを最後尾に残さなければならない。カウンターに対する準備としてさらに1人加えた4人のDFを残すこともあり得る。そうなれば、自陣ゴール前に進出してくる相手の数は少なくなるし、コーナーキックを守りきったあとのカウンターで、攻撃に使えるパスのコースも増える」と解説してくれました。

どうしても守りきりたいとする場面で「守るしかない」のではなく、「いつでも反撃する」という構えを見せることの牽制力を教えてくれたのです。クラウゼヴィッツの言う「攻撃側に与える恐怖の念」をこの監督が知っていたかどうかはわかりませんが、大変興味深い発想として記憶に残っています。

●ハンニバルもナポレオンもカウンターで屈した

防御の優位性を説く中で、クラウゼヴィッツは紀元前の名将ハンニバルの失敗と、ナポレオンのロシア遠征の失敗に触れています。

ハンニバルは紀元前3世紀〜2世紀にかけて活躍したカルタゴの武将で、ローマ軍を何度も撃破した武勲で知られています。ローマの歴史家ポリビウスに「いかなる困難のもとにおいても氷のような冷徹な判断力を持ち、不屈の精神力と無謀にも近いことを平然とやりとげる実行力を持った古今無双の名将」と言わしめたハンニバルは、次々にローマ軍を打ち破り、ローマに迫ります。

執政官が次々に死傷する中、ローマは新たにファビウス・マクシムスを執政官に据えますが、ファビウスはハンニバルと正面切って戦う方法を変更、機を見て退却を繰り返す戦術に切り換えます。ファビウスの方法に不満を持つ執政官がハンニバルとの対決を試みますが、ことごとく惨敗、結局、ローマはファビウスの方法でハンニバルと対峙することになります。

ローマ軍は撤退しつつ、退路を焼き払い、ハンニバル勢に食料等の現地調達が困難な状況をつくりました。その間、ローマ勢は地中海周辺の諸勢力のうち、ハンニバルが同盟を期待していた勢力を味方に引き入れつつ、スキピオ率いる軍勢がハンニバル不在のカルタゴ本国に攻め入ります。本国カルタゴが襲撃されたことによってハンニバルはローマ攻略を諦めて帰国せざるを得なくなり、スキピオと戦うことになりますが、消耗戦の果てに遠路引き上げてきた軍勢の戦力は十分ではありませんでした。ザマの戦い（B.C.202年）で歴戦の名将ハンニバルは敗れます。

ローマは、破壊力のあるハンニバル軍とまともに戦って戦力を失うことを避けて、相手に進軍を許しつつ消耗を誘う戦術を駆使しました。同時に、強力な軍勢が攻撃に徹して進軍しているために手薄になった本国の攻略を画策、「鬼の居ぬ間に洗濯」ではありませんが、手薄な本陣を陥れることで結局、最前線の攻撃部隊も防衛のために撤退せざるを得ない状況をつくったのです。

この戦術の推進者であったファビウスは、クンクタートルの愛称で呼ばれましたが、それは当初は「のろま」「ぐず」を意味していたといいます。しかし、ファビウスの方法がハンニバルを攻略してからは、それは「細心」「周到」という高評価を意味する言葉になったといいます。

それから約1000年後、ハンニバルと同様に周辺の国々から恐れられたナポレオンは、飛ぶ鳥を落とす勢いの余勢を駆って1812年、ロシアに侵攻します。フランス軍の約70万に対してロシア軍は約40万。両軍の兵力に関しては諸説ありますが、いずれにせよロシア軍が数では圧倒的に劣っていたことは確かなようです。

フランス軍の侵攻に対してロシア軍は、戦闘しては退却を繰り返し、退路を焼き払うという戦術で対抗します。ローマがハンニバルに対して駆使した方法と同じです。折しも訪れた寒波による消耗も加わり、進軍するフランス軍は進むほどに戦力を削がれていきます。これ以上の侵攻は無益と判断したナポレオンが撤退を命じると、それまで静かに反撃のチャンスをうかがっていたロシア軍が一気に攻勢に出て、戦力も戦意も低下したフランス軍を追い詰めます。逃げ帰ったフランス軍は、最終的にわずか５０００人ほどだったとされます。

一般的には冬将軍（ロシアの寒波）に屈したナポレオンといわれますが、軍事戦略的に見ると、それは攻守のバランスを欠いて深追いしすぎたナポレオンの采配ミスと見ることができるようです。クラウゼヴィッツは「防御には、攻撃者が防御者の武力によって破滅するか、それとも攻撃者が自ら求めた困苦によって破滅するかに応じて二通りの決戦があり、したがってまた二通りの反撃方法があるといってよい」とし、ナポレオンの場合は、特に後者の原理が強く働いたとしています。

視点を変えると、強力なナポレオン軍とはまともに戦わず、攻めさせ、傷つかせながらあえて自陣に進軍させせて消耗を誘い、攻撃力が低下するときを待ったロシア軍の見事なカウンター戦略の勝利といえます。

第6章

武人の戦いで実践された
カウンターアタック

1 戦国をしたたかに生き抜く攻略の知恵

第5章では、世界中に知られる兵法の古典に記された理論や教訓を紹介しましたが、日本の武人、武将たちの戦果を記した記録の中にも、名戦略、名采配と評価されている記録がありますそれにも注目してみました。

個人対個人の真剣勝負における戦略の事例では、剣豪として名高い宮本武蔵の戦法を採り上げます。わずか13歳で有馬喜兵衛という兵法者を倒してから、生涯六十数回にも及ぶ果たし合いで一度も敗れることがなかったとされる武蔵。彼はどのように対戦相手を研究し、実際の勝負の場にどのような戦略を立てて臨んだのでしょうか。スポーツと違い、敗れれば単なる敗者として名誉や実績が蔑まれるだけではなく、絶命して果ててしまうという極限の状況を六十数回もどのようにしてくぐり抜けてきたのか。その攻略法の中から、カウンターアタックの要素を探り出します。

軍勢を率いる武将の名采配の多くは、少ない兵力にもかかわらず知略を駆使して多勢の相手を撃破したもので、地理、地形、天候の利用、進軍と退却の巧みな組み合わせ、計算された陣形の展開など、事前に周到な計画が用意されています。そうした歴史的名采配とされる戦記の中から、カウンターアタックの要素が盛られている事例を見ていきます。

「肉を切らせて骨を断つ」とは勝負事にしばしば使われる故事です。自分がダメージを負っても、それと行き違いに、自分のダメージを上まわる致命傷を相手に与えるという、勝負の分水嶺における心理を示しています。ここには、概念としてはカウンターアタックと同様の視点が据えられていると思います。こうした故事が、物語の中ではなく、実際の個人、あるいは軍勢どうしの命を賭けた戦闘の中で本当に実践されてきたのでしょうか。実践されたとすれば、具体的にどのような方法が駆使されたのでしょうか。

スポーツの勝敗で一喜一憂する平和な現代と違い、戦国時代では合戦の勝敗が生死を分けました。いかに戦うかは、そのまま命の存続に直結していたのです。そこでは、まず個人の剣術、闘技の力量が生死を分け、さらには彼らをまとめて采配する武将の戦略、戦術が一族の存亡を分けていました。そうした一つの判断、行動が命を左右するような状況で、歴史に名を残す武人、武将たちはどのような戦いを展開していたのでしょうか。

戦国武将の戦略、武勇をまとめた書物は膨大な数に上り、専門家の方々の分析は子細を極めています。その先人の研究の中から戦国時代の合戦の実体を紐解けば、それらの多くが、物語に描かれるような正々堂々とした正面切っての勝負ではなく、謀略、謀反、寝返り、裏切りなど、ありとあらゆる策略の交錯であることがわかります。人の生死と、場合によっては一族郎党の存亡がかかった戦いですから、とにかく勝ち残ることだけが唯一無二の結果という世界だったわけです。

生き残ったものが正義。そんな世界では、フェアーや常識などの、スポーツで重視される観念は無用です。そして、後代に書き残された戦史は間違いなく勝者を一方的に正当化する記録であり、真実を曲げた脚色の部分も多いでしょう。そうした記録の不正確さや後日の脚色を認識した上で、ここでは伝聞される武人の戦いの中から、この本の命題である「後の先」とカウンターアタックに関係の深い事象を採り上げてみたいと思います。

2 宮本武蔵はカウンターの名手

●「後の先」を実践した巌流島の決闘

まず、個人の剣士として名をはせた宮本武蔵の戦い方を探ってみましょう。

武蔵といえば佐々木小次郎との巌流島の決闘が有名です。この決闘についても、前後関係も含めて多くの研究が残されていますが、史実を正確に追究することよりも、一般に広く伝聞されている両者の戦いの様子をもとに、武蔵の戦法を見ていきたいと思います。

武蔵は約束の時間にわざと遅れていきます。これは、この巌流島の決闘以前にも武蔵がしばしば用いた戦略でした。約束の時間に合わせて気を高ぶらせている相手の集中力を削ぎ、同時に怒りと焦りを誘うことで、実際の決闘の際に相手が平常心を乱すことを狙っています。

この日、武蔵はあえて約束の場所から離れた地点に船を止めるなどして、苛立つ小次郎の怒りを増幅させます。また、夕日を背にして歩み寄るなど戦略的な準備を怠りません。さらに、小次郎の長剣に対抗するために船のオールを加工した木刀を背負って対峙します。

2時間以上も現場で待たされ、しかも船を近づけてもあえて離れた浜まで遠ざかり、じらすように上陸した武蔵に対して、小次郎は怒りを爆発させます。浜辺沿いににじり寄る武蔵に対して、小次郎は怒りを剣先に込めて一気に斬りかかろうとしてしまいます。

武蔵は、小次郎の長剣が「つばめ返し」と呼ばれる方法で手繰られること、つまり、太刀が一方向に振られた直後にすばやく逆方向に切り返されることを予め予測しています。武蔵は小次郎がその戦法を繰り出した瞬間、それをジャンプして避け、小次郎が混乱した隙にオールで造った木刀を振り下ろして打撃を加える、という戦法を用いたと伝えられています。

両者が対戦したことは事実のようですが、その内容は後年、さまざまに脚色されています。実際の戦いはこれほど劇画的ではなく、もっと泥臭い混沌としたものであったろうと想像しますが、事実はともかく、伝承されている物語の中で注目したいのは、武蔵がさまざまな策略を用いて相手がイメージどおりの攻撃を仕掛けるように仕向け、それに対処して相手を打ち破ったということです。

相手が攻めざるを得ないような状況に誘い込んで撃つ。一見、攻め込まれたようで、実は最も反撃が効果的になるような状況に追い込んでいる。武蔵の用いた戦法は武術の「後の先」で語られる概念の実践であり、ボールゲームのカウンターを狙った組織的ディフェンスにも通じる方法と思われます。

●弱点を速攻で突いた吉岡一門との決着

巌流島と並んで武蔵の武勇伝として語り継がれるのが、吉岡一門との対決です。

関ヶ原の戦いが終わり、徳川幕府が発足したあと、武蔵はどこかの大名に召し抱えられ組織の中で安定した昇進をしていくか、それとも一匹狼の武人として名をはせるかの岐路で、後者を選択します。剣の達人として名をはせるには、斯界の第一人者を倒す必要があります。ターゲットに定めたのが、代々足利家の指南役として重用されてきた実績を誇る吉岡家でした。

最初に武蔵の決闘を受け入れたのは当主、清十郎でした。武蔵は約束に遅れて相手を苛立たせます。そして、いざ対決という段では、一般に行われるようにじりじりと間合いをとることなしに、一気に前進して清十郎を狼狽させます。さらには、剣を構えることなく両手を下げた姿勢で近づくという意表を突いた方法を用います。そして清十郎の目前まで近寄った瞬間、背伸びをするように身を大きく広げます。これは武蔵が記した『兵法三十五箇条』に「たけくらぶる」（丈、比ぶる）と解説されている方法で、一瞬、相手に自分が大きくなったように錯覚させ慌てさせる方法ということです。

何からなにまで意表を突く戦法に慌てた清十郎は、思わず斬りかかってしまいます。武蔵はそれを、「喝当の打」と呼ばれる返し技で見事に制し、清十郎の頭に木刀で一撃を加えて倒したとされます。まさに「後の先」そのものとでもいうべき戦い方です。

武蔵は、雪辱に燃える清十郎の弟、伝七郎をも返り討ちにします。二人を続けて打ち倒された吉岡家は、家の名誉を賭けて、打倒武蔵の策略を練ります。この段に至っては背に腹はかえられないと、吉岡家は百人余の多勢で武蔵を囲む作戦を練ります。最初に倒された当主、清十郎の幼い息子、又七郎を仇討ちの名目人とし、それに一族門人が加勢するという形式にしました。

決闘の申し込みを受けた武蔵は、事前に決闘会場の地理を十分に調べます。多勢を相手に勝つには一気に勝負を決め、逃げきる必要があると判断したからです。そして、それまで必ず約束の時刻に遅れて登場した武蔵は、今度は未明から身を潜めます。約束の時間に現れた吉岡家一行は、どうせ武蔵はまた遅れて来て自分たちを苛立たせる戦法を使うに違いないと、気長に構えていました。そして、吉岡家の年長者が助っ人それぞれの配置を決め、戦いの段どりをしつつ、名目人である又七郎の座る場所を設定した瞬間、息を潜めて見ていた武蔵は勝負を仕掛けます。

身を隠していた場所から躍り出た武蔵は、脇目もふらずに幼児・又七郎に走り寄り、何のためらいもなく又七郎の首を斬り落とし、予め決めていた逃げ道を脱兎のごとく走り抜けます。奇襲に慌てた吉岡勢が追ってもあとの祭り。武蔵は予定どおりのルートを通って逃げきったのです。あとに残されたのは、百人もの相手を向こうに勝ったという武蔵の武勇伝と、当主が倒され、息子さえ斬り殺されたという兵法の専門家・吉岡家の不名誉な評判だったのです。

武蔵が用いた血も涙もない方法は、平和な社会に生きる私たちが決して共感できるものではありません。しかし、相手の戦闘態勢が整わないうちに、最も戦力が低いと思われる部分に一気に勝負を仕掛けるという点で見れば、武蔵の戦法はまさに、ボールゲームのカウンターアタックの要素と相通じる部分があります。人としての倫理はともかく、勝負事の戦略としては理にかなっていたわけです。

3 決断力とスピーディーな展開に長けた織田信長

●迅速な局地戦で勝利・桶狭間の戦い

戦国武将の雄、織田信長の武勲を語る中で、必ず引き合いに出されるのが桶狭間の戦いです。

1560年5月、尾張の攻略を目論む信長を排すべく、近隣の駿河、遠江、三河を治めていた今川義元は、2万の軍勢を率いて出陣、桶狭間山の麓（現・愛知県豊明市）に陣を構えます。義元はまず、信長が攻略を試みていた大高城と鳴海城にそれぞれ3000、5000の援軍を送り、自らは5000の兵と共に桶狭間に構えていたとされます。いっぽう、信長は、大高城、鳴海城が陥落すれば一気呵成に義元に攻め込まれると察知し、2000の兵を率いて敵の懐深く侵入する戦法を試みます。

信長は激しく降る雨に紛れて進軍、迂回して義元の本隊を見下ろす位置に到着。窪地に細長く陣どる今川勢の配置を確認すると、一気に攻め込みます。絶対数では勝っていた今川勢ですが、細長く陣どっていたために互いの連携がとりにくく、局所の戦いでは数的優位が活かせなかったとされます。また、不意を突かれて混乱したこともあり、今川勢はまったく実力を発揮できないまま織田勢の勢いに押されて敗走、その途中で義元が討ち取られてしまいます。

しかしながら、桶狭間の戦いにも諸説あり、迎え撃った今側勢がさほど多数ではなかったという説や、信長が雨に紛れたことを疑う説など、多くの解説がなされています。それでも、織田勢が、今川勢の一部が攻めに出ている隙を突き、手薄になった本陣を迅速に動き狙ったこと、また、相手に十分な防御態勢をとらせぬ間に少数精鋭ですばやく攻め込んだこと、さらには、陣形が間延びしている部分を狙い、局地戦で相手の数的優位をつくらせなかったことなどは、大筋で事実のようです。

手薄な部分を守備が整わないうちにすばやく攻めるという点で、桶狭間の戦いにおける織田信長の戦法は、カウンターアタックの要素が活用されたものだったといえるでしょう。

●驚異的な帰陣と勝負どころの見極め・山崎の戦い

1582年、織田信長が天下統一の直前に、明智光秀の謀反により本能寺で自害したことはよく知られています。信長が落命したとき、臣下の豊臣秀吉は毛利を攻めるために備中・高松城（現・岡山県岡山市）にいました。謀反を知った秀吉は、10日以上かけて取り組んでいた「水攻め」（城を水没させる作戦）を変更、城主の清水宗治の切腹と引き替えに城兵の保護を認める和議をすばやく締結させ、直後に光秀討伐を掲げて京に戻る態勢を整えます。

いっぽう、光秀は信長を討ったあと、勢力を拡大するために京、近江の軍勢を制圧することに尽力していました。覇権争いのライバルとなるであろう秀吉は、まだ遠く備中で毛利勢を相手にてこずっているはず。秀吉がその戦いにけりをつけ、現在の岡山から京都までの約200kmを移動して光秀に対峙するには、相応の時間がかかると予測しました。その猶予が、光秀の勢力拡大に活用できるはずでした。

しかし、秀吉は高松城ですばやく和議を結んだあと、約200kmをわずか5日で移動させるという離れ業をやってのけます。秀吉が大軍を率いて京に戻る状況を知った関西周辺の諸大名は、光秀の目論見に反して秀吉に加勢、そして1582年、両者は山崎の戦いで相まみえます。

天王山（現・京都府乙訓郡大山崎町）の裾野、円通寺川（現・小泉川）が淀川に注ぐ河口付近で対峙した両者は、当初は光秀軍が優勢だったとされます。しかし秀吉は、戦況を冷静に見極め、光秀軍の進軍が左翼に集中しているのを察知すると、加藤光泰、池田恒興らの軍勢を右翼側面から密かに進攻させて打ち込ませ、光秀軍を混乱させます。そして、その側方からの攻撃で光秀軍の陣形が乱れたことを確認すると、それまで後方に待機させていた織田信孝、丹羽長秀の軍に最前線への進攻を指示し、一気に形勢を逆転させました。

この戦いでは、まず秀吉が自軍を約２００km もの距離を驚くべきスピードで移動させ、光秀が陣容を整える暇を与えなかったことが決め手になっています。そして戦闘では、相手が勢いに乗じて深入りしてくる状況を冷静に見極め、手薄な側方から攻め入って混乱を誘い、ここが勝負どころと察知した際には一気に勢力を集中させて戦いの雌雄を決しています。まさにカウンターアタックの真髄を見せるような戦い方です。

ちなみに、秀吉の中国地方からの驚異的な早さの帰陣については、近年、秀吉陰謀説の一部としても語られています。その説では、重装備の軍団が5日で２００km を帰陣するには最短の帰路の確保や用具の運搬、食料の調達など予め周到な準備が必要であり、それを事前に仕組んでいたからこそ達成できたとします。信長が討たれ、その仇を取りに秀吉が飛んで駆けつけるという筋書きは、実は秀吉が画策したストーリーであり、光秀はそれにまんまと乗せられたとする説です。

歴史のロマンが膨らみますが、いずれにせよ、勝負の分かれ目が迅速な帰陣とすばやい陣容の整備であり、また戦闘の際には、深入りした相手を返り討ちにした戦法が決め手になったことには変わりありません。

4 引きつけてから一気に勝負を賭けた信長・家康

●騎馬隊の勢いを止めて勝利、長篠の戦い

1575年、織田信長・徳川家康の連合軍は、長篠城（現・愛知県新城市長篠）の攻略を目論む武田勝頼軍と戦います。

武田軍は当時、騎馬隊の活躍で名をはせていました。それに対して織田・徳川軍は、馬防柵と空堀を設置して武田騎馬隊のスピーディーな進軍を防ぐ策を講じました。敵陣の直前で、今でいうバリケードで勢いを削がれた形の騎馬隊に対し、織田・徳川軍は、鉄砲隊が一斉に狙い撃ちするという戦法で次々に撃退、武田勢の勢力を削いだとされます。

織田・徳川勢は同時に、酒井忠次の軍勢を迂回させて進行させ、手薄になった武田勢の要衝・鳶ケ巣山（とびがすやま）の砦を襲わせ陥落させます。思いもよらぬ鳶ケ巣山の落城を

知った武田勢は動揺、最前線の騎馬隊の苦戦も相まって、敗走者が相次いだとされます。その結果、武田勢は大敗、以降、武田は勢力を弱体化させますが、反対に織田信長はこの戦いの勝利を機に、権力争いをする武将の中で一目置かれる存在になっていきます。

この戦いでしばしば強調される「3000丁の鉄砲」という記述には、根拠がないという説が有力です。残された書物を多角的に検討しても、実際には1000丁前後ではなかったかと推測されているようです。また、その鉄砲を活用するために、すぐに撃てる状態の兵、火縄に火をつけ準備をする兵、撃ち終わって次の弾丸を込め直す兵というように、三段構えの戦法をとることで発砲のタイムラグをなくし、鉄砲隊が撃ち終わったあとのタイミングを狙って攻め入った武田騎馬隊を返り討ちにしたとする説も、実際には記述が残っていないそうです。ですが、策士の信長と家康が1000人の兵に一斉に撃たせ、一斉に弾込めの準備をさせるという形で、武田騎馬隊が踏み入る隙を与えていたとも思えません。きっと三段構えに近い方策を講じていたものと想像します。

いずれにせよ、信長・家康は十分に相手を鉄砲の射程距離内に引きつけ、自らの反撃が最も効果が上がると思われるタイミングで一気呵成に勝負を仕掛ける戦法を採用しています。また、手薄になった相手の後方を少数ですばやく攻略もしています。カウンターアタックのセオリーどおりの勝利といえるでしょう。

5 真田昌幸のカウンター戦法

●上田合戦

信長が光秀に討たれたあと、信長の勢力下にあった領地を巡り、徳川、上杉、北条の勢力が争い始めます。信濃の真田昌幸は、こうした勢力争いの中で翻弄されますが、1585年、徳川家康による領地割譲の圧力を拒否、次男・信繁（のちの幸村）を上杉の人質に出して関係を強化、家康との対決姿勢を示します。怒った家康は昌幸討伐を掲げて上田城を攻めますが、そこに北条も便乗、真田勢は窮地に陥ります。

戦いに際して昌幸は、まず長男の信幸（のちに信之）を支城の戸石城に待機させ、自らは上田城に立てこもります。勢い勇んで攻め込む徳川勢は上田城内深くまで侵入、二の丸まで迫りました。ここで昌幸は反撃の命を下します。十分に多数が押し寄せた徳川勢に対して、真田勢は城内から鉄砲と矢を雨あられと浴びせて一気に勢力を削ぎ、小分けにされた軍勢が熟知した城内敷地の構造を縦横に活用してとまどう徳川勢を撃退しました。

敗走する徳川軍に対して、戸石城で待機していた信幸が満を持して側方から追撃、後方、側方から反撃された徳川勢は1300人の兵を失ったとされますが、真田勢の犠牲はわずか

40人程度だったといいます。このあと、家康は何度も真田攻略を試みますが、結局、成功せず撤退しました。その後、政略結婚により、真田は徳川と協定を結ぶ関係になります。

この上田城を巡る戦いを第一次上田合戦として、第二次上田合戦と呼ばれる戦いがあります。1600年、関ヶ原の戦いの直前、当時、徳川側に組した真田昌幸は、石田三成挙兵の報を受けて、徳川（東軍）につくか石田（西軍）につくか迷います。熟慮の結果、昌幸は長男・信幸を東軍に、自分と次男・信繁を西軍につかせることで、いずれの結果でも真田家が存続することを念じます。

この結果、昌幸は家康の三男・秀忠の攻撃を受けることとなります（このあたりの経緯はNHK大河ドラマ『江〜姫たちの戦国〜』でも描かれ、秀忠を向井理さんが演じていました）。上田城を囲んだ秀忠勢は、真田勢を挑発します。昌幸はその挑発に乗ったように見せかけ、城門を開いて兵を攻め出しますが、機を見て逃げ帰らせます。追う秀忠勢が上田城付近までくると、森蔭に潜んでいた真田勢が襲いかかります。そこでもある程度の時間が経過すると、真田勢は上田城内に逃げ帰ります。勇んだ秀忠勢の多くが城壁付近まで入り込むと、手薄になった徳川本陣に、林に潜んでいた真田勢が一気に襲いかかります。背後の本陣近くで響く銃声と争いの音に、秀忠勢は動揺、撤兵する者などが出て混乱します。相手の連携が乱れた状況を見極めた昌幸は、域内から兵を送り出して勝負を仕掛け、秀忠勢の撤退を余儀なくさせます。この戦いで、真田勢の十倍以上、3万8000人ともいわれた徳川秀忠軍は大きな損害を被り、疲弊します。

昌幸は、相手を懐深く引き寄せ、自らの戦いの形にはめ込んで少数で効果的に迎え撃つ戦法で、二度までも徳川勢を打ち破りました。まさにカウンターアタックの名手です。結局、関ヶ原で東軍が勝利したため、西軍についた昌幸・信繁（幸村）の親子は上田城を明け渡して流罪となりますが、真田の名は家康に強く印象づけられます。のちに大坂冬の陣（1614年）で幸村が豊臣秀頼に流刑地から呼び戻されると、家康は強く警戒したとされます。実際、幸村は1615年の大坂夏の陣で本陣まで侵攻し、家康に自害を覚悟させるほど肉薄したとされます。

第7章 スポーツと「戦略」を考える

ここまで「後の先」と「カウンターアタック」というキーワードとともに、武道やスポーツの勝負の駆け引きの妙について見てきました。いずれの概念も、武道やスポーツにおいて、対峙する相手を制するための方法論の一つという見方ができます。その意味では、「後の先」も「カウンター」も狭義では戦術の一つといえるでしょう。しかし、武道では「気で先を取る」「無心」などの表現で日常的な心構えや心身の調整への恒常的な努力が語られ、またボールゲームでは各種目の日本代表が格上の強国に立ち向かうための、いわば「国策」の一つとして「カウンターアタック」が語られていました。つまりそれらは、一試合ごとの勝負を手繰りよせる「術」という範疇にとどまらず、戦略的視点、思考によって形づくられている概念でもありました。その意味で、「後の先」も「カウンターアタック」も、戦略という視点からも紐解く必要があるのではないでしょうか。

戦略という言葉は、今ではスポーツはもちろん、経営、販売などにも広く使われていますが、もともとは軍事用語です。武道もスポーツも対峙する相手を研究し、作戦を練り、戦術を駆使して戦い、勝利を目指すという図式で考えるなら、軍事的戦闘と共通する部分がありま す。その意味では、軍事戦略の基本を紐解くことで、武道、スポーツにおける戦略的思考を再確認し、「後の先」「カウンターアタック」について、より理解を深めることになるかもしれません。軍事戦略とはいかなるものなのか。その基本的概念について、日本の軍事戦略研究の第一人者である西村繁樹・元防衛大学校教授のお話をもとに見ていきます。

●アングロサクソン型戦略の有効性

西村氏によれば、実際に戦争で駆使される具体的な戦略は、それを実践する人の数だけ存在するといっても差し支えないとのこと。しかし、要点を抽出し、「戦略的思考」として基本的な概念を大別するなら、それは次の二つに集約されると言います。

①アングロサクソン型

おもに英米を中心に活用されてきたスタイルで、情報の収集、分析を重視し、行動を決定していく方法。中国の戦略書の古典『孫子』に基づく戦略もこれに分類される。

②プロイセン型

プロイセン（18世紀～20世紀初頭に現在のドイツ、ポーランドの地域で繁栄した王国。豊かな軍事力を誇った）の他、旧日本軍などがおもに採用していた方法。自らの作戦立案や参戦能力を重視し、行動を決定していく方法。

戦略を考えていく上で最も大切なことは、「環境への対応力」と西村氏は言います。この場合の環境とは、気象、地理、などの自然環境はもちろんのこと、資源、物資の量、あるいは輸送力など戦闘を支援する体制、さらには、外交などの国際関係や同盟などの関係諸国の軍事力、また、関係各国の国内情勢と指導者の立ち位置など、対峙する二国のみならず、政治的に関係する国すべてに関わる多角的な事象を意味します。そうした総合的な「環境」を見極めた上でどのような動き方ができるのか、その分析力と対応の柔軟性こそが戦略的思考では最も重要なのです。西村氏はこの点について、さらに次のように語ります。

「アングロサクソン型戦略思考のルーツの一つは、『戦争論』で知られるクラウゼヴィッツですが、彼は『フォームレス戦略』という表現を用いて、その有効性を強調しています。フォームレスとは、直訳すれば型がないということですが、真意は、いかようにも型を変化させることができる柔軟な戦略思考ということ。戦闘状況は日々変化し、常に不透明・不確実なものです。そこで定型化された戦略を強引に押し通そうとすれば必ず破綻する。ですから、それこそカメレオンのように、周囲の状況に応じて自分の体の色をいかようにも変えられるような対応力を持つことが、戦略的思考では重要としています」

カメレオンといえば、サッカー日本代表のイタリア人監督アルベルト・ザッケローニ（2010年8月30日就任）が就任当初、日本代表に導入したいとする概念の比喩として用いたのがカメレオンでした。「状況に応じて柔軟に対応できる戦術的判断力」を、環境に応じて体色を変化させる動物にたとえたのでした。具体的にはザッケローニ監督は試合状況、相手の出方に応じてフォーメーション（選手の配置）を変え、選手の動き方を臨機応変にアレンジさせる方法を試みていますが、選手はそれを十分には消化できているとはいえません。

さて、そうした柔軟な対応力という理想を実現させるために最も重要なことは、情報の収集です。相手の戦略を察知することほど有力な手だてはありません。『孫子』にも「上兵は謀（はかりごと）を伐ち、其の次は交わりを伐ち、其の次は兵を伐ち、其の下は城を攻むるなり」と書かれています。実際に兵どうしが戦闘し城を攻める前に、情報戦を制して相手の戦略を察知しておくことが大切だと説いています。

「その意味では、軍事上の最高の戦略とは、戦闘を開始する前に緊張状態を終結させてしまうまでの力を持つ情報収集力といえるかもしれません」と西村氏。徹底的に相手を研究し、相手の戦略を分析し尽くし、あらゆる対抗手段を整えることで、軍事力での解決に踏みきることが無為の手段であることを相手に悟らせることが最も効果的な戦略になるのです。対峙する相手が同様に高い情報収集力を持っているならなおさら、戦闘突入の決断がどのような結末を招くかという精度の高いシミュレーションが描けますから、無為な戦闘は避けられるのです。

剣道で「気で先を取る」、あるいは合気道で「和合する」として語られた内容は、まさにこの概念に通じます。達人になるほど、対峙しただけでその闘いの結末を正しく想定できるのでした。

スポーツではスカウティングと呼ばれる事前の情報収集が行われますが、スカウティングの結果、いくら勝ち目はないと分析されても、事前に試合を回避するということはありません。ただ、予選リーグの上位2チームが決勝トーナメントに進出する形式の大会に参加し、リーグ最終戦でグループの1位か2位かが決するような場合、積極的に勝利を求めない試合を行う場合があります。あえてその試合に勝たずにグループの2位になることで、決勝トーナメント1回戦で相性の悪い相手と当たることを避ける作戦がとられることがあるのです。2012年ロンドン五輪で女子サッカー・なでしこジャパンは、まさにその方法でグループ2位から決勝戦まで進み、銀メダルを獲得しました。情報収集による戦い方のコントロールの一例です。

●防御のみでは戦闘は勝ち得ない

情報収集の徹底による戦闘回避が最も望まれる戦略ではありますが、やむを得ず実際に戦闘が開始されてしまった場合、どのような戦略的行動がとられるのでしょうか。

「戦闘に突入した場合、最も大切なことは、いかにして戦いの主導権を奪うかということ」と西村氏は言います。まず主導権を握って、自ら描いた戦略を推進できるかどうか、ここに第一のポイントがあります。ただし、先ほども触れたように、当初の戦略にとらわれ、それを強引に推し進めようとする姿勢は危険です。あくまで「環境」を冷静に分析しつつ、必要に応じて戦略を変えていくことが基本です。

戦闘は常に相手のあることであり、こちらの目論見どおりには進まないものです。その場合、ときとして防戦にまわらざるを得ない状況にもなりますが、戦略書の古典である『孫子』あるいは『戦争論』には、防御すること、撤退することも重要な戦略とする記述も見えます。読みようによっては、攻撃をすることよりも、防御に徹して相手の消耗を待つことに活路があるようにもとれます。このあたりは、この本の主題であるカウンターアタックを探求するにあたって大変興味があるところです。この点について西村氏は、次のように解説します。

「孫武（『孫子』の著者）は防御の優先を、またクラウゼヴィッツ（『戦争論』の著者）は、防御はより強力な戦争遂行の方式、と説いています。しかし、注意しなければならないのは、彼らは決して終始守り続けよ、と言っているわけではないということです。ひたすら守っていれば自然に勝ちが転がり込んでくるとは言っていない。防御の利点を活用し尽くして劣勢を挽回したなら、機を見て反撃に移れと説いています。いつかは必ず攻めに出なければならないのです」

確かにスポーツのカウンターアタックも完全な守り一辺倒ではなく、守勢の中から反撃を試みることが重視される戦法です。それでも、相手の戦力が相対的に強大である場合、または任務上どうしても一定期間、ひたすら防御にまわらざるを得ない状況もあります。その場合、軍事行動では原則的に以下の二つの防御形式があると西村氏は言います。

①陣地防御

自陣に籠もって防御に徹する形式。従深にわたる火力戦闘で敵戦力を消耗させることが狙い。この形式で重要なことは、自然の地形を最大限に活用すること。山岳地帯の入り組んだ峰、沢、あるいは河川、湖沼、雪原などを利用して、敵が容易に進行できない場所に布陣する。同時に、敵の進入路を限定し、進行してくる兵力を分断できる環境を整える。例えば、切り立った崖に囲まれた沢を進行するしか進入路がない場合、相手の兵力は細長く伸びた隊形となり、部分部分では十分な戦闘力が発揮できなくなる。反撃する際には、戦闘力が局所で限定される形になっている相手に対して、こちらが局所ごとに相手に勝る総合戦闘力を集中発揮していくことが重要。

②機動防御

機動打撃力（戦車、装甲車）により敵戦力を撃破する形式。形としては攻撃に近い。比較的平坦な地形など、地形の活用が難しい場合などに採用されることがある。この機動防御を遂行するには、配備した地域において局所的に機動打撃力と火力が相手に勝っていることが必要。また、機動打撃を実施する際は、相手の戦力が手薄な箇所を察知して、機動打撃と火力を迅速かつ集中的に活用し、局所における圧倒的な優位を得ることが肝要。

陣地防御でも、機動防御でも、全体的には防御主体になっていたとしても、局所の戦闘にいかにして戦力を集中させ、相手の戦力を切り崩していくかが大切になります。相手の手薄な部分を察知して（あるいは意図的にそういう状態をつくり出して）、そこに敏速、かつ集中的に戦力を注入するという概念は、相手の守備が整わないうちにすばやく攻め込むという、スポーツのカウンターアタックに通じます。

こうした防御主体の動きの中から、いつか機を見て反撃に移らなければなりません。その「守」から「攻」への転機はどのように見極めていけばいいのでしょうか。例えば『孫子』では相手の弱点がわかったとき、『戦争論』では相手の失策があったとき、などとしています。それらに加えて、「兵站（へいたん・輸送力のこと）の遮断が可能と判断できるときも重要なポイント」と西村氏は言います。

優勢に展開している戦闘でも、それは兵力（人員のみならず、兵士の活動を維持する水、食料など）、火力（兵器の数、質、弾薬の数）がコンスタントに補給されることが前提になっています。視点を変えれば、その補給路を断ち、兵力、火力が途切れる状況をつくれば、一転、攻防の流れは逆転する可能性があります。ですから、兵站の遮断が見込めたとき、防御主体から攻撃主体への切り替えが決断されるのです。

兵站の遮断には、古来、「迂回」「翼側からの包囲」という方法が活用されています。「迂回」の場合、タテに長く伸びた相手の兵站線の側方からまわり込み、後方地域の要点を制します。これにより、相手が事前に準備した陣地の放棄を余儀なくさせ、戦闘の主導権（軍事用語では「主動権」と書きます）を握ります。「包囲」は、布陣する相手の弱点である翼側から突破を試み、相手の兵站線を遮断します。こうして相手がまとまった兵力、火力を最前線に補給できない状態をつくることで、戦闘の主導権を握っていくのです。

ただし、「こうした戦法はいわば古典的セオリーの一つ。現在ではなかなか簡単に成功させることができないのが現実です。ですから、まともに正面からぶつかり合う形式（正面突破）の場合もありますし、高度に戦略的な方法、例えば燃料の輸出制限を関係国に迫るなどの方法もあり得ます」と西村氏。いずれにせよ、戦闘では最前線で相手を制する戦力ばかりでなく、補給路の遮断という手段が大きな意味を持ち、それが戦力投入のタイミングを左右することがあるのです。

スポーツでも、素晴らしい技術、戦術を有していてもそれを継続させるスタミナ、持久力が不足すれば、能力を十二分に発揮することができず、終盤に動きが落ちて競り負けるというケースは多々あります。ボクシングでは、一発で相手が脳震盪《しんとう》を起こすようなパンチを狙ういっぽうで、腹部を中心としたボディー攻撃を地道に継続して続け、持久力を奪い相手のフットワークを止めて有効打を狙う戦い方もあります。戦力を一定時間、揺るがずに持続する力を維持できるかどうかは、勝負を制するために大きな意味を持つのです。

また、補給路を断つための「迂回」「包囲」という戦法は、守備の固い正面からの攻撃を避け、サイドから崩すという部分で、サッカー、ハンドボール、バスケットボールなどにも共通します。これらも、決してサイドを崩すこと自体が究極の目的ではなく、サイドから進攻することで守備の混乱を引き出し、相手組織の連携を崩して得点の可能性を高めることが狙いです。

●十分な力をため、八分のところで止めておく

防御から攻撃に転ずるタイミングをはかるもう一つのポイントは「相対戦力の差で優位と判断できるとき」と西村氏は言います。

『孫子』にも次のような記述があります。「勝つべき者は攻むるなり。守るはすなわち足らざればなり、攻むるはすなわち余りあればなり」。つまり、余力を持つくらいの勢力を整えてこそ、相手を打ち破ることができるのだということです。余力のない中で一か八かの捨て身の攻撃を仕掛けることは、攻撃が通じなかった場合の立て直しが効かず、また、想定外のアクシデントがあったときに対応力を欠き、脆く崩れてしまう危険をはらみます。

地域的、時間的な「相対戦力」を的確に把握できれば、余力、戦力の優位をどこでどのように発揮するかという判断が的確にできます。先ほど「機動防御」の部分で触れたように、ターゲットとした地域の戦闘で限られた時間、機動打撃力、火力で優位に立てるかどうかの判断は非常に重要です。

次に、こうした状況把握の中から攻撃の実行が有効と判断されたら「孫子の言うところの拙速な展開が重要です」と西村氏。

孫子が伝える拙速には、まず、相手の対応に猶予を与えないうちにすばやく攻略すること

が重要という意味があります。この部分については広く知られていますし、スポーツのカウンターアタックの概念とも共通します。しかし同時に、拙速には、勝利して戦いの趨勢が見えた場合は、完勝を狙って必要以上に深追いすることを戒める意も含まれているといいます。これは、戦闘が相手すべてを殲滅し尽くすことに最終目的があるのではなく、それが政治的な決着の手段の一部であるという認識を忘れないためとされています。つまり、すばやく攻略し、大勢が決したら、いつでも追撃できる余力を残しながら、八分のところで矛を収めて冷静に推移を見守ることが肝要というのです。

ところで、武道では「残心」という概念が重視されています。一撃、あるいは一刀で相手を制したと思っても、なお気を緩めずに、倒れた相手の傍らで反撃に対して構えと心理的緊張を保っておくことをいいます。相手が倒れているとしても、死力を振り絞った起死回生の反撃をしてくる可能性を見極めつつ、いつでも迎え撃てるように「心を残して」おくのです。『孫子』の拙速も、この残心に共通する意識があるのではないでしょうか。

古い話で恐縮ですが、１９６４年東京オリンピックと１９６８年メキシコオリンピックでサッカー日本代表を強化するために来日したドイツ人コーチ、ディトマール・クラマーさんが「残心」について語ったエピソードがあります。日本の選手がシュートしたボールをＧＫがファンブルしました。しかし、シュートした選手はＧＫがシュートに反応した時点で「もうシュートは止められたもの」と決めつけて天を仰いで嘆いていたために、ＧＫがファンブルして目の前に転がってきたボールを再びシュートするチャンスを逃したのです。そのとき、クラマーさんは言いました。「日本には残心という言葉があるでしょう。サムライは相手を斬っても、決して倒れた相手から目を離さないのです。サッカーのシュートも同じです。完全に決着がつくまで気を許してはいけない」

サッカー日本代表には、もう一つ似たようなエピソードがあります。1993年のことです。日本代表は翌94年に開催されるアメリカW杯のアジア最終予選で、のちにドーハの悲劇と呼ばれる試合を経験しました。勝てばW杯初出場が決定という試合で、1点のリードが守りきれず、試合終了間際ロスタイムに同点ゴールを喫し、イラクと2―2で引き分けたために出場権を逃したのです。

この試合、日本代表に必要だったことは追加点よりも、リードを維持しつつ試合時間を進めることでした。極端な話、ルールで許される範囲のあらゆることを駆使して、時間が浪費されていくような試合展開に持ち込むべきでした。しかし、経験不足の選手たちにはそのような試合のコントロール法は思い浮かばず、ひたすら愚直に攻撃を繰り返してしまいました。その結果、日本の攻撃をカットされた反撃からコーナーキックを取られ、日本中のサッカーファンを落胆させた同点ゴールを奪われたのです。

このときのサッカー日本代表は、経験不足だったとはいえ、まさに拙速にしくじった例といえるでしょう。グロッキーになった相手にKOを狙ってノーガードの大振りパンチを繰り出したとたんに逆にパンチを受けてしまったボクサー、最後に空振り三振を取りに力任せのストレートを投げたらホームランを打たれたピッチャーなど、拙速がならず、残心が欠けたために痛い思いをした例はスポーツの他の種目でも数多くあります。

●望まれる戦略的思考の醸成

日本の軍事戦略の第一人者として研究を続けてきた西村氏が、常に反面教師として意識しているのが、第二次世界大戦における旧日本軍の行動とのことです。旧日本軍が戦略的思考に欠けた無謀な作戦を繰り返し、最後には特攻という前代未聞の体当たり戦術まで実施して日本に膨大な損失をもたらしたことは周知の事実です。

冒頭でも紹介したように、旧日本軍のとった戦略は「プロイセン型」に分類され、当初の戦略をいかにして貫徹するかという部分にエネルギーが割かれるものでした。それは任務遂行に対する忠実さという部分では評価できるものだったのかもしれませんが、クラウゼヴィッツの理想とする「フォームレス」とは対局の方向性を持つものでした。

西村氏が軍事戦略の研究をするようになり、改めて過去の日本軍の指揮官養成の歴史を紐解くと、当時は戦略的思考が醸成される環境が十分に整っていなかったことに気がついたといいます。そして、戦略的思考の醸成が不十分と思われる歴史は、その後も長く継続していたと推察できるようです。そもそも1947年、つまり戦後生まれの西村氏が軍事戦略に強く興味を抱いたのは、とある論文を目にしたときでした。それは米・国防総省から出された報告書で、国防予算を獲得するために、米国の軍事戦略がいかなる概念を持ち、それを実行するために何がどれだけ必要とされているかについてまとめたものでした。その戦略について述べられている部分に、日本ではそれまであまり深く掘り下げられてはいなかった視点、概念が満ちていたのです。

そこで西村氏は渡米、ランド研究所、ハーバード大学で本格的に戦略の研究を深め、やがて冷戦下の旧ソ連の侵攻の脅威に対する防衛戦略についての論文「日本の防衛戦略を考える―グローバル・アプローチによる北方前方防衛論」をまとめ、1984年、防衛学会で最優秀賞を受賞するとともに、戦略の専門家として注目されるようになっています。言い換えると、1980年代に西村氏が戦略論を展開するまでは、日本の軍事組織の中で本格的な戦略論が掘り下げて研究されることは少なかったのです。

このように西村氏が戦略について深く研究すればするほど、旧日本軍の戦略的思考の未熟さが露呈し、また、その失敗を繰り返さないための新時代の戦略的思考の醸成が期待されました。現代社会は核保有も含めて、複雑な国際環境の中で軍事的均衡が保たれています。実際の戦闘の指揮うんぬん以前に、そうした「環境」を多角的に分析し、長期的視野に立った適切な行動がとれる能力が軍事の分野でも望まれています。戦闘の専門家という狭義の戦略家ではなく、国際関係を良好に保つための広義の戦略家が求められているのです。

さきほどサッカー日本代表の「ドーハの悲劇」を紹介しましたが、男子ハンドボール日本代表も97年世界選手権の決勝トーナメントで優勝候補（その大会は3位）だったフランスに一時は5点のリードを奪いながら試合終了間際に逆転され、22―21と惜敗した痛い思い出があります。このような日本代表選手の歴史に残る「惜敗」は種目を超えて数多く見られます。もちろん、こうした例は各国の各種目で日常的にあるはずで、特に日本人選手のみが国際試合で勝負弱いわけではないと思います。しかし、試合が伯仲した場面で、日本人選手が「巧妙」「老獪《かい》」「したたか」などと形容したくなる試合運びで、巧みに流れをコントロールし勝利をたぐり寄せるという場面には、あまりお目にかかれません。

これは、直接には選手の才能という部分が大きく関わるでしょう。しかし、日本のスポーツ界の環境という部分も無視できないと思います。すなわち、日本ではスポーツを学び、実践する上で、「巧妙」「老獪」「したたか」と形容されるような能力が存分に開発される土壌は乏しいといえるでしょう。むしろ、その反対概念に近い「純粋」「素直」「正統」と形容されるような行動が尊ばれます。「策を弄する」という表現が日本ではネガティブな意味を持つように、スポーツは深慮遠謀して周到にはかりごとを立てるものではなく、雑念を排してひたすら愚直に全力投球すればよろしいとする価値観が根強くあります。これは戦略的思考を醸成するのに、大きな障害になっているのではないでしょうか。

もう少し視点を広げれば、スポーツの世界のみならず、日常生活でも我々日本人は「はかりごと」を巡らせることをあまりポジティブにはとらえない気質があるようです。反対に、仕掛けをせずに真正直に一心不乱に突き進むことが貴いとする価値観があるようです。旧日本軍の戦闘で、一人ひとりの兵士の自爆行為が劣勢の挽回につながるなどという狂気の発想が生まれたのも、こうした気質、価値観の影響によるのかもしれません。いずれにせよ、もともと日本人には戦略的思考が育ちにくい精神風土があるのかもしれません。

しかし、日本の伝統文化の一つである武道では「後の先」という極めて戦略的な概念が価値あるものとして脈々と受け継がれています。ですから、日本人は、決して戦略的思考に不向きな資質であるとはいえないと思うのです。軍事戦略のエキスパートを醸成するためには「定型的な思考にとらわれずに、臨機応変の思考ができるかどうかが最も大切」と西村氏は強調します。スポーツ界でも同じことがいえるでしょう。

あとがき

２０１０年2月、欧米のメディアは「〝西部劇の正義のガンマンが、必ず悪役が銃を抜いてから撃つということが本当にあり得る〟ということが科学的に裏づけられた」と報じました。イギリス・バーミンガム大学、アンドリュー・ウェルチマン博士のグループの研究「The quick and the dead : when reaction beats intention」を紹介したものです。

ウェルチマン博士らは、人間の反応時間についての実験を実施しました。実験は、参加者を2人1組に分け、2人のどちらが早くボタンを押すか、という形式で進められました。ボタンを押すタイミングは第三者の合図で行うのではなく、次の二つの条件に分けられました。一つは、自分の意志でいつボタンを押すかが自由、もう一つは、相手がボタンを押す動作を察知したら、それをきっかけとして自分のボタンを押す。

普通に考えると、自分の意志で好きなタイミングでボタンを押す人のほうがより早くボタンを押せるはずです。ところが、結果は意外なものでした。自分の好きなタイミングでボタンを押した人たちよりも、相手がボタンを押すことを察知してから自分のボタンを押した人のほうが、わずか0・021秒の差ですが、結果として早くボタンを押していることがわかったのです。ウェルチマン博士らはこの結果について「人間が厳しい環境下に置かれたときに発現する、敵から逃げるための原始的な補助作用によるのではないか」と推測しています。

ウェルチマン博士らの仮説が正しいとすれば、私たち人間には生来、対峙する相手が先に動いたことを見極めてから動く能力、つまりカウンターアタックの才能があるのかもしれません。本書で多数紹介したように、スポーツでしばしばカウンターアタックが効力を発揮するのも、そうした戦い方に対してもともと心理的に強い親和性があるからかもしれません。

本書が完成に近づき最後の点検をしている時期に、ちょうどロンドンオリンピックが開催されました。改めて「カウンターアタック」という視点を据えて観戦していると、対戦型の種目において勝負がカウンターアタックによって左右される場面がいかに多いかに気づかされました。サッカーは男女ともカウンター主体の戦い方で勝ち進み、フェンシング男子団体準決勝の残り1秒の大逆転も「相手の剣を振り払ってから攻撃する」という「攻撃権の獲得」が瞬時にめまぐるしく入れ替わる中で達成されました。日本人が多く活躍した柔道、レスリングはすべての瞬間が「仕掛け」に対する「返し技」の応酬といってもいいほどでした。イギリス第二の都市バーミンガムで研究に勤しむウェルチマン博士らは、首都で繰り広げられたこれらの勝負の数々をどのような視点で観戦していたのでしょう。

ところで、2012年1月に将棋の永世棋聖・米長邦雄さんがコンピュータの将棋ソフトに敗れるという出来事がありました。米長さんは「最善手を出したときに勝負が分かれた」と語っています。コンピュータには膨大な情報蓄積があり、米長さんの棋譜は分析し尽くされていました。「米長さんはこの場面ではこう指してくるはず」と、あらゆる手が読みきられていたわけです。そこで米長さんは、その裏をかいて常に最善手ではない駒の動かし方をしながらコンピュータを混乱させ、勝負を進めていきました。しかしある場面で「ここで決着をつける」と決断し最善手で勝負に出た瞬間、コンピュータに反撃されてしまったのです。最善手を出さないときには勝負は拮抗し、最善手を出したときに負けた、という結果は非常に興味深いと思います。コンピュータは米長さんの最善手の中に反撃の糸口を見つけたのです。最強の棋士の最善手の中にも、実は弱点としてつけいる部分が潜んでいたというわけです。まさに本書で「後の先」を語った達人たちが繰り返し強調していた懸待一致そのものです。それを現代の科学技術を象徴するコンピュータが実践して見せたことを紹介してこの本を締めくくろうと思います。

本書では「後の先」「カウンターアタック」という切り口から、勝負事の駆け引き、戦術、戦略について多角的に見てきました。採り上げた内容が「勝負をモノにする秘訣」を探っているスポーツ関係者の方々に少しでも参考になればと思います。企画の推進に尽力して下さった大修館書店編集第三部の加藤順さん、粟谷修さんのお力なしには、私のアイディアをこのような形でまとめることはできなかったと思います。ご両名には心から感謝いたします。

ロンドンオリンピック・なでしこジャパンのカウンターアタックに一喜一憂したあとで

２０１２年８月

永井洋一

[著者略歴]

永井洋一（ながい　よういち）

1955年生まれ。成城大学文芸学部マスコミュニケーション学科卒業。大学在学中から地域に根ざしたサッカークラブの創設・育成に関わり、その実績をかわれて日産FC（現横浜マリノス）の下部組織創設に参画。現在もNPO港北FC（横浜市）の理事長として組織運営・育成指導に尽力。サッカーの他、コーチング、トレーニング、スポーツ医科学、教育などの分野で幅広く取材・執筆、講演活動を展開。CS放送イングランド・プレミアリーグの解説者としても活躍中。著書に『絶対サッカー主義宣言』『日本代表論』『ゴールのための論理』（以上、双葉社）、『スポーツは「良い子」を育てるか』（NHK出版）、『少年スポーツ、ダメな指導者バカな親』（合同出版）、『賢いスポーツ少年を育てる』（大修館書店）など。

カウンターアタック――返《かえ》し技《わざ》・反撃《はんげき》の戦略思考《せんりゃくしこう》

NDC780／ x ,245p／19cm

初版第1刷 ――2012年11月20日

著者――――永井洋一《ながいよういち》
発行者―――鈴木一行
発行所―――株式会社 大修館書店
〒113-8541 東京都文京区湯島2-1-1
電話03-3868-2651（販売部） 03-3868-2297（編集部）
振替00190-7-40504
[出版情報] http://www.taishukan.co.jp

装丁／扉・目次デザイン ――中村友和（ROVARIS）
組版／図版作成 ――――明昌堂
印刷――――三松堂
製本――――ブロケード

ISBN978-4-469-26738-9　Printed in Japan